20세기 그 인물사

20세기 그 인물사

정치권력과 정보조작의 역사

알랭 주베르 지음
윤택기 옮김

눈빛

저자(著者) 알랭 주베르(Alain Jaubert)는
프랑스 파리를 중심으로 저널리스트 · 작가 ·
영화제작자로 활동하고 있다.

역자(譯者) 윤택기는 1961년 서울 출생으로,
1986년 서울대학교 서양사학과를 졸업했다.
번역서로『사진가의 사진론』『세계사의 한순간』과
『핵무기는 가라』등이 있다.

20세기 그 인물사

알랭 주베르 지음
윤택기 옮김

- 초판 1쇄 발행일────── 1993년 12월 20일
- 발행인────── 이규상
- 발행처────── 눈빛
  서울시 마포구 서교동 403-3호
  전화 336-2137 Fax 324-8273
- 등록번호────── 제 1-839호
- 등록일────── 1988년 11월 16일
- 편집────── 책벌레 · 임선정

 값 7,500원

차례

서론 7

레닌의 전설적 생애 ……………………………………………17

혁명의 풍경 ……………………………………………………53

영상 조작의 대가 무솔리니 …………………………………71

제3제국의 연출 ………………………………………………87

스탈린 우상 숭배…………………………………………… 111

모택동 전설 …………………………………………………147

'쿠'로부터 프라하의 '봄'까지 ……………………………193

아시아인의 생활과 전투 ……………………………………215

발칸 혁명 ……………………………………………………229

쿠바사(史)에 나타난 사진 조작……………………………253

소련의 전통 …………………………………………………267

방법이 수출되는 시대 ………………………………………285

역자 후기 303

사진 위에 무솔리니가 직접 쓴 글이다. "이것은 조작 사진이 아니다."
렌초 데 휄리체와 루이지 골라 공저(共著) 『사진으로 보는
파시즘사(史)』중에서 라테르자 출판사, 1981

서론

…그리고 50명 정도의 직원이 일하고 있는 이 홀은 기록국이라는 거대한 복합체내의 하위부서 내지 단일한 세포에 불과하다. 그 위, 옆, 아래에서는 여러 집단의 직원들이 상상도 할 수 없는 복잡다기한 일에 종사하고 있다. 거대한 인쇄공장에는 편집 조수와 활판인쇄 숙련공이 있고, 이에 덧붙여 사진 조작을 위한 정교한 설비를 갖춘 스튜디오도 있다. 전속 엔지니어와 프로듀서, 그리고 소리를 변조하는 특별한 기능을 가진 배우가 참가하는 텔레스크린 프로그램국도 있다. 사서(史書) 그룹도 있는데, 그들의 임무는 회수돼야 할 도서와 정기간행물의 목록을 작성하는 것이다. 수집된 문서가 보관되는 거대한 창고가 있고, 원본을 폐기시키는 은폐된 화로도 있다. 그리고 어딘가에 전혀 알 수 없는 지도부가 존재한다. 그들의 업무를 조정하고, 과거의 어느 단편은 보존하고, 어떤 것은 조작하며, 또 어떤 것의 존재를 말살시킬지에 대한 정책을 결정한다.

—조지 오웰 『1984년』 중에서

아우슈비츠 콜리마(Auschwitz-Kolyma) 주축(柱軸)에 대해서는 모든 것—거의 모든 것—이 알려져 있다. 즉 이미 독재, 개인숭배, 적(敵)에 대한 체계적인 말살, 강제 수용소, 비밀기관의 절대권력, 정치경찰, 강박관념을 주는 선전수단, 테러 등은 누구나 모두 잘 알고 있다. 그러나 정보 왜곡, 역사의 재해석, 검열의 결과, 기억의 훼손 등에 대해서는 역사가들이 늦게 관심을 갖기 시작하였다. 폭정의 메카니즘으로서의 사진과 그림의 역할에 대해서는 거의 연구된 적이 없다.

사진의 매끈하고, 평탄하고, 광택있는 화면, 고정된 직사각형의 프레임에는 어떤 외적인 것도 또한 매력적인 것도 없지만 무엇인가 불가사의한 것, 거의 무한하게 비극적인 것이 감추어져 있다. 당신이 어떤 사진을 본다고 하자. 한동안은 그 사진이 무엇을 나타내고자 하는지는 거의 문제가 되지 않는다. 거기에는 최종적이고 냉정하고 압도적인 것이 있다. 150년 동안 카메라는 '현실을 재현한다'고 누누이 들어왔기 때문에 거기에는 어떤 문제도 있을 수 없다. 우리는 매일 수백 장의 사진을 보고 있으며, 그것들은 불과 같이 명백하다. 그러나 이 평평한 영상에도 다른 것들과 똑같은 변화, 내재적인 애매성, 의혹이 깃들어 있다. 즉 원근이 겹쳐짐으로써 형체가 평면으로 환원되고, 색채는 회색의 명암으로 치환된다(때로는 역으로 다른 색채체계로 치환된다). 이 모든 것은 조작에 불과하다.

실패한 화가라고 할 수 있는 초기의 사진가들은 새로운 발명품에 내재한 결함을 이용할 수 있다는 것을 곧 알아차렸다. 그들은 사진의 결함—먼지·젤라틴 표면·유리판의 균열—을 수정하면서 화필 기법을 발견했으며, 때로는 놀라운 효과를 내기도 했다. 점차 숙련된 이 예술가들은 사진에서 얼굴을 수정하고 주름살과 여드름을 제거했으며, 때로는 요구에 따라 가족사진에서 스캔들을 일으킨 삼촌이나 재산을 약탈한 사생아를 지우기도 했다. 사진가들은 다른 조작에도 손을 대기 시작했다. 가리발디(Garibaldi)의 로마 입성을 먼저 묘사하고, 콤뮌 인질들이 '사진가의 눈앞에서' 총살되는 장면을 조작하며, 드레퓌스(Dreyfus) 사건의 '공범관계'를 날조하기도 했다. 또 프랑스 침공을 준비하는 카이저(Kaiser)라든가, 1차대전중 독일을 이용하여 아일랜드 독립을 추구했던 로저 케이스먼트(Roger Casement)의 종말, 제1차 세계대전의 허구적 승리를 조작함으로써 유명한 몽타주(합성사진)들을 만들어냈다. 충격적이고 재미있는 이러한 사진들은 현대 선전기술의 요람기를 대표하는 데 불과하다. 그것들은 민주주의의 상태에 따라, 표현의 자유에 정도의 차이가 있기는 해도 불특정한 집단이나 권력에 대한 야당 세력의 반대 의견과 비판을 표명하는 것이었다.

재수정자가 레닌(Lenin)의 복부를 가린 가로등을 어두운 저편으로 경건하게 보내는 사진이나 1920년대말 진짜처럼 유포되었던 동궁(冬宮) 침략의 변조사진은 전혀 다른 범주에 속한다. 이제는 개개의 사진가나 몇몇 통신사가 아니라 단일한 공급자가 사진을 배포하게 된다. 이러한 사진은 사진들을 몰수하고 보관·분류하며, 진실의 유일한 표현물로 유포시키는 전체주의 권력의 발현에 불과하다. 분석·비판·의심은 불가능하다. 왜냐하면 사진의 배포를 통제하는 바로 그 기관이 동시에 모든 신문을 재해석하고 재집필하여, 검열하고 허가하는(또는 금지시키는) 기관이기 때문이다. 소련에서의 이 기관은 '글라블리트(Glavlit, 문헌 및 출판 중앙관리국)'라는 명칭을 갖고 있다. 지난 30년 동안 완성된(그리고 요제프 피벨스의 선전·정보성의 놀라운 기법을 그대로 도용한) 이 제도는 소련의 위성국으로 전파되었다. 그리하여 중국과 알바니아도 영향을 받았던 이 모델은 쿠바에도 그대로 수출되었다.

재수정

기본적인 범주로서 일상적이라고 할 만한 매우 단순한 재수정이라는 기법이 있다. 실수라든가 중요인물의 공적인 생활에 불가피하게 수반되는 사소하고 비고의적인 익살스런 모습의 사진을 수정하려는 시도는 항상 있는 법이다. 또 우연히 사진에 잘못 잡힌 장면이 보여주는 잘못된 인상을 지우려는 노력도 자연스러운 일이다. 뉴스 사진이란 것은 정체되고 고요한 우주에 그대로 들어맞을 수 없다. 프레임에 무언가 이상하고, 이질적이고, 조화가 안 되는 요소가 끼어들면 전체 구성은 일상적인 진부함이 되기 마련이다. 예컨대 헐렁한 낡은 옷이라든가 적절한 위치에 있지 않은 의외의 인물, 원근이 잘못되어 다른 것의 위에 놓인 물체, 사소한 약간의 왜곡 등은 사진에서 피하기 어려운 사례들이다. 그럴 때는 중심인물이 중립적이고 진공에 가까운 세계에 자리잡도록 조정되게 마련이다. 여기에서는 어떠한 공격성이나 애매함도 전제 군주의 위엄을 훼손시키지 못한다.

금세기초에 태어나 모스크바와 북경에서 권력을 잡았던 정치지도자들의 초상사진들이 매년 배포되었다. 그 사진에 나오는 인물들은 온순한 얼굴, 결연한 자태, 나이에 비해 허구적으로 건강한 모습으로 가득 차 있다. 이러한 사진들은 소련의 표준으로 보면 타당하겠지만 우리들에게는 믿을 수 없는 것처럼 보인다. 초점이 눈·볼·코·제복 어디에 있는 것인지 전혀 선명하지 않다. 물론 각각의 사진은 모습이 선명하고 개성도 명확하여 즉시 알아볼 수 있다. 그러나 판별할 수 있는 세부의 선은 모두—마치 꿈에서처럼—인식을 흐리는 '안개' 속에 가려져 있다. 음영은 거의 인식되지 않는다. 피부에는 결이 없고 언제나 번들번들하다. 이는 1930년대 헐리우드의 초상사진에서 나타나는 '예술적 부드러움'과 '글래머'로의 퇴보이며, 전후 시기에 노골적으로 선명성을 추구한 네오리얼리즘에 대한 반대이다. 공식적인 사진은 보고 있는 사람을 난시로 만든다. 각 인물의 배경은 진주빛 회색을 띠는 황혼의 공간과도 같이 밤과 낮 두 색의 어중간한 색채를 띠고 있어 획일적이고 아무 특색이 없다. 보고몰레츠 박사의 '노화방지약' 발명도 오래가지 않았다. 젊음의 비결은 키에프 대학의 '생명자극제'나, 올가 레페신스카야의 '소다수 목욕'에 있지 않았으며, 스탈린의 온정어린 눈길 하에서 발견된 수많은 신비로운 세포 재생요소에도 결코 없었다. 우리의 피부를 마음대로 변화시킨 것은 재수정자의 붓과 손뿐이었다. 초상사진이 성화(聖畵)가 되기 위해서는 이같이 연하고 흐린, 꿈과 같은 베일의 배후로 들어가, 영원한 청춘이라는 현란하고 중립적인 회색빛 하늘로 승천하지 않으면 안 되었다.

덧칠

의례적인 재수정은 때때로 한두 인물 또한 진부한 부분을 현실의 장면으로부터 제거 또는 분리하기도 한다. 그때는 붓을 신중하게 움직여 주인공의 배경을 지워 버린다. 그러나 덧칠을 광범위하게 이용하여 인물 주위의 실루엣을 지워 버림으로써 새로운 마술적인 공간에 인물을 세울 수도 있다. 배경의 일부 또는 전부와 부차적 인물들을 지움으로써 한 사람과 그 주위의 인물 사이의 특별한 관계를 돋보이게 할 수 있다. 덧칠은 의례적인 경우에만 사용되는 것이 아니라 때로는 통속 희극적인 재수정에도 적용된다(못생긴 부인을 감추고, 정부(情婦)를 은폐시키거나, 무솔리니 곁에 앉은 클라라 페타치와 같이 두드러지게 하는 효과도 발휘한다). 그러나 덧칠은 일반적으로 훨씬 더 중요한 역할을 한다. 그것은 권력의 성스러운 모습과 직접적으로 관련이 있다. 폭군은 손을 댈 수도, 접근할 수도 없는 존재이다. 일상적인 대상이나 부차적 인물이 그에게 근접함으로써 독재자가 훼손되어서는 안 된다. 덧칠은 영웅의 종교적 고독을 강조하는 광약이며, 유일자(唯一者)의 주위에 맴도는 공허의 빛이며, 성자(聖者)의 뒤에 서린 후광이다.

삭제

멀리 떨어져 있는, 또는 두 장의 다른 사진에 있는 두 인물을 가까이 합치거나, 역사적 장면을 위해 한 프레임에 많은 인물들을 나란히 세워야 할 경우도 있다. 가난한 어린이들의 놀이처럼 종이 위의 인물을 오려내 원래의 배경으로부터 새로운 무대에 붙이는 것이다. 결과는 단순한 덧칠과 유사하지만 기법은 전혀 다르다. 덧칠의 경우 주인공과 배경 사이의 관계에는 아무런 변화가 없다. 심지어 배경의 공백 부분을 거의 완전히 채색해도 결과는 마찬가지이다. 그러나 삭제에서는 인물이 완전히 해방된다. 그 최종 생산물은 최소한 두 장 이상의 사진이 합성된 것으로 간주될 수밖에 없다. 우리는 여기에서 무한한 가능성을 지닌 몽타주 사진의 세계에 들어선다. 이 장르가 유행하여 정치선전에서 빈번하게 사용되고 있음은 누구나 익히 알 것이다.

정치적 메시지를 전하기 위해 만들어진 몽타주 사진을 놓고 볼 때 진실을 가장하는 변조사진에 대한 일관된 기준은 없다. 대부분의 경우 변조사진인지의 여부는 판명될 수 있다. 비율, 연계, 음영, 입자와 결의 차이, 장르(사진·데생·회화·만화 등)의 혼합, 성질과 시대가 다른 대상과 인물의 결합, 불가능한 상황 설정—이 모든 것이 몽타주 사진의 특징이다. 위조되었지만 믿을 수 있는 장면을 만들기 위해 합성된 사진은 전혀 다른 문제이다. 삭제된 가장자리가 반드시 보일 필요는 없다. 다만 비율과 원근법이 정확히 들어맞아야 한다. 그리고 빛의 방향과 음영, 그리고 여러 부분의 흑백이 동질적이어야 하며, 인물의 자세와 시선이 일치해야 한다. 많은 노력을 들여 풀로 붙이고 조정하고 재수정하지 않고서는 수미일관된 장면을 만들기가 어렵다. 몽타주 사진에서는 어울리지 않는(이질적인) 요소를 결합하여 새로운 의미, 즉 전혀 다른 진실을 드러내고 새로운 고차원적인 진실을 창조함으로써 사람들을 놀라게 하고 심지어 경악시킨다. 거기서는 더 이상 '예술적' 작업이 중요하지 않다. 이제 중요한 것은 숙련된 직인(職人)의 피땀나는 이름없는 작업이다. 그 목적은 사람들을 경악시키려는 것이 아니라 놀라움을 전적으로 회피하고 위장하여 세계를 더 수미일관되고 평범한 것으로 만들며 차이를 제거하려는 데 있다. 사실 변조사진은 보기 위해 제작된 것이 아니다. 치밀하게 관찰하면 연약한 허구의 건물은 산산조각나고 만다. 그것은 다른 여러 평범한 사진들 사이에서 주마간산(走馬看山)격으로 보기 위해 만들어진 것이다.

트리밍

트리밍은 가장 간단한 삭제 방법이다. 결국 어느 누구도 한 장의 사진 전체를 발표해야만 하는 의무를 갖지 않기 때문이다. 모든 예술적 표현 중에서도 사진가의 표현이 가장 자의적이다. 창문이 절단되어 현실로 나타난다. 프레임에 어떤 인물들은 들어가며 어떤 인물들은 제외된다. 트리밍은 이미 검열과 같아 보이기 때문에 이를 참지 못하는 사람도 있을 것이다. 현실의 전체에 모습을 드러내지 않는 것만으로도 현실의 검열이기 때문이다. 그것은 사진가의 팽창주의적 주관에 부여된 검열이다. 그러나 그것이 사진의 법칙이다. 자발적으로든 비자발적으로든 누구나 그 점을 인정한다. 다만 여러 가지 장치라든가 삭제, 몽타주를 사용하여 사진의 시간적·공간적 바로미터를 수정하는 경우는 예외이다. 다음으로 인쇄·판형·복제에 우연적이고 불가피한 상황이 작용한다. 이 과정에서 사진의 거의 언제나 무엇인가를 잃으며, 그 대가로는 아무것도 얻지 못한다. 언론·도서·문서 보관소에서 출판되고, 재판되고 삭제되고 재삭제되고 분석된 각각의 사진은 양파껍질처럼 여러번 계속 트리밍된 것으로 간주될 수 있다. 아마 수백만 점의 사진들이 이미─전혀 재수정되지 않은 것이라 할지라도─저절로, 그 자체가 변조사진일 것이다. 왜냐하면 사진가는 프레임을 선택할 수밖에 없기 때문에 표현된 것 못지않게 은폐된 것도 있기 때문이다. 그리고 결국 가장 악질적인 재수정자의 작업이라 할지라도 사진이 발명된 뒤 계속되어 온 일반적인 사기 수법에 비교한다면 차라리 정직하다 할 만하다.

낯익은 사진이 한 장 있다. 그것은 러시아혁명에 관한 거의 모든 책과 그밖의 많은 도서에 실려 있다. 그 사진만으로 레닌의 생애와 업적이 상징될 수 있다. 레닌은 판자로 만든 연단 위에 서서 연설하고 있다. 그는 몸을 오른쪽으로 기울이고 얼굴을 찡그렸으며 입을 벌려 연설하고 있다. 그는 군중을 향해 연설하는 것이다. 그는 왼손으로 연단의 가장자리를 짚고, 오른손으로는 자신의 모자를 들고 있다.

당시에는 분명 광범하게 유포되었을 이 사진의 원판은 지금까지 잔존해 있다. 그 프레임은 가로가 길다. 이 사진을 보면 연단 우측에 좁은 계단이 보인다. 몇 계단 아래에 카메네프(Kamenev)와 트로츠키(Trotsky)가 서서 자기의 연설 차례를 기다린다. 1930년 이후 이 사진을 본 러시아인은 아무도 없다. 연설하는 레닌과 게릴라 전사 체 게바라(Ché Guevara)의 얼굴, 이것은 트리밍과 확대의 효과이다. 사실적인 영상으로부터 신화로의…

말소

트리밍에서도 주위의 선이나 여백은 변경된다. 때로 한 사람을 완전히 제거하는 것으로는 부족할 경우도 있다. 예컨대 역사적인 장면의 나머지 부분을 보존하면서 주요인물을 제거해야 할 경우이다. 이 경우 사진을 절단하고 얇게 베어내어, 배꼽과 같이 움푹 패인 곳으로 사진의 일부가 함몰되도록 한다. 그러면 필요없는 사람이 새로 창조된 배경의 허공 속으로 사라져 버린다. 그 다음 양쪽 가장자리를 결합하는 것은 간단한 일이다. 이같은 일이 1968년 발생했다. 당시 프라하의 성 비투스 성당 옆의 한 건물로 들어가는 두브체크(Dubcek)의 모습이 지워진 것이다. 두브체크의 삭제는 사진의 원근법에 약간의 불일치를 남겨 놓았을 뿐이었다.

그러나 절단·균열·주름법·배꼽기법 같은 단순한 지형학적 수단이 항상 쉽게 실행될 수 있는 것은 아니다. 어떤 사람을 삭제하거나 사라지게 하려면 반드시 배경이나 다른 사람이 그 자리를 채워야 한다. 흑백의 색채를 써서 음영·결·형(形)을 모사함으로써 점차적으로 말소된 인물의 대체물을 채워넣고 새로운 구성의 전체적인 균형을 도모해야 한다. 연단 위에 선 레닌의 사진에는 또 한 가지의 종류가 있는데, 이 사진에서 트로츠키는 계단의 판자 뒤로 은폐되어 버린다. 다른 사진의 경우 (모택동이 숙청했던) 보구(博古)가 중국 건물의 창문에 가려지고 있다.

트로츠키의 제거는 다른 나라에 전형을 제공하여 체코·헝가리·유고슬라비아·쿠바의 재수정자들에게 영향을 미쳤다. 여러 유령들이 벽·문·깃발·담장·거울·융단·주단 뒤로 사라져 갔다. 재수정은 증발의 미학이 되었다. 붓을 절묘하게 휘두름으로써 경쟁자, 오만한 야심가들은 얼어붙은 무대장치로부터 영원의 먼지로 사라져 버렸다.

결국 이 예술의 걸작은 이 모든 기법을 결합한 것이 될 것이다. 계절과 세월이 지나면서 사진은 복제되고 수정되고 재수정된다. 어떤 경우에는 정확히 누가 제거되었는지, 세대가 경과하면서 이름과 얼굴이 왜 잊혀졌는지 아무도 모르게 되겠지만 변조된 사진은 그 제작자가 죽은 다음에도 살아남게 된다. 신체에 대한 절대적 통제는 폭정의 특징이므로 사진의 세계에 정확히 반영된다. 경쟁자와 적대자들의 이름과 신체를 제거하고 숙청하고 소멸시키는 이 모든 조작은 종이에 나타난 인물의 삭제·제거·트리밍·말소에 반영되고 있다.

오만한 권력은 변조를 항상 은폐시키지는 않는다. 완벽하게 변조된 사진도 물론 있다. 그러나 때로는 제거하는 행위 그 자체가 보이는 경우도 있다. 중국인들은 흔히 부재(不在)를 강조하기 위해 삭제 기법을 사용함으로써 허실과 명암이라는 고전적인 회화 전통을 정치적 목적에 전용한다. 왕유(王維)는 이렇게 말한다. "특별한 효과를 내기 위해 묵(墨)을 사용한다. 붓이 멈추는 곳에서 돌연 무언가 새로운 것이 출현한다." 예컨대 모택동이 사망하고 '4인방'이 고발된 지 며칠 후 발행된 일련의 사진에서는 '4인방'이 삭제된 것 이외에 아무런 변화도 보이지 않는다. 관료들(4인방)이 있던 자리를 다른 것으로 메우지도 않았다. 4인의 윤곽을 덧칠해 배경으로 사라지게 했으며, 이는 분명 삭제를 가리키고 있다. 보통의 사진에서는 인물들의 대열이 보이는 가운데 공백이 나타난다. 이는 새로운 체제에 정통성을 부여하고 스스로의 진실과 오만을 강조하는 방법이다. "우리가 그들을 어떻게 숙청했는지 보아라! 우리는 그대도 제거할 수 있는 힘을 갖고 있다!"

마찬가지로 알바니아 박물관에 걸린 단체사진에서는 군데군데 구멍이 보인다. 특정인물들의 제거를 강조하기 위해서 그들의 다리를 사진에 남겨 놓기도 한다. 더 특이한 방식은 인물은 남겨 놓지만 묵(墨)이나 담황색 잉크로 얼굴에 덧칠을 하거나 심지어는 난폭한 낙서를 하기도 한다. 쿠바 지도자 피델 카스트로(Fidel Castro)의 '부르주아적' 여동생도 하나의 예이다. 카스트로파에게 미온적이었던—아니면 망명했을지도 모른다—그녀는 '대형(大兄)'에 의해 가족앨범에서 사라져 버렸다.

두브체크의 경우 변조의 난폭한 특징은 근본적으로 사진 좌반부에 보이는 정경에 기인한다. 즉 카메라와 영사기를 든 많은 사람들의 무리가 사라져 버렸다. 아마도 그날 그 장면은 수십 번 수백 번 기록되었을 것이다. 그러나 많은 사람들이 아직도 사진을 갖고 있다는 엄청난 증거에도 불구하고 권력이 발표한 새로운 사진에서는 두브체크가 그곳에 없었다고 주장하려 하지 않았다. 그렇기는 커녕 이 사진이 보여주고자 하는 것은 반대로 제거되었다는 것 그 자체, 무대의 정경을 비참하게 굴절시켜 인물에게 덮어씌운다는 것, 통풍로의 현기증, 무대 뒤편의 혹독한 냉기, 학살수용소의 공포일 것이다.

그러나 처형되어 말소되든 아니면 말소를 면해 살아남든 이 모든 정치적 인물들은 바그너의 상상보다 훨씬 더 장대한 오페라의 무미건조한 단역배우일 뿐이다. 서적·신문·영화·회화·기념비·역사적 장면·대토목 공사에 이르기까지 날조는 확대된다. 더구나 대토목 공사중에는 수백만의 노예가 새 인물의 날조라는 명목으로 동원되는 경우도 있다. 그러나 우리는 현재 그 장막 뒤에 무엇이 있는지 알고 있다. 그것은 징역·강제수용소·고문·학살이다. 이제껏 어떠한 우상도 그같이 탐욕스런 종교에 복무하지 않았으며, 어떠한 영상도 그같이 죽음을 불러오지는 않았다. 솔제니친(Solzhenitsyn)의 보고에 의하면 수백 대의 죄수 호송차가 모스크바를 가로질러 나아가면서 수천 명의 미래의 '죄수들(Zeks)'을 형무소와 수용소로 운반할 때 누군가가 이를 '빵'이나 '고기' 또는 소련의 캠페인 광고로 묘사한다는 뛰어난 생각을 해냈다고 한다. 나치스에 의해 강제로 끌려와, 빌나에서 처형된 9만 명의 시체를 발굴하여 소각했던 한 유태인이 클라우데 란즈만(Claude Lanzman)에게 말한 것이 『쇼아(Shoah)』지에 게재되었다. "'시체'라든가 '희생자'라는 단어를 입에 올리면 어김없이 구타를 당했다. 독일인들은 시체를 '피구렌(Figuren)' 즉 …꼭두각시·인형이든가 '슈마테(Schmatte)' 즉 넝마라고 부르게 했다." 빵·고기·캠페인·인형… 글라블리츠의 하수인들은 아직도 삭제·채색·소각되지 않은 것이다…

그러면 오웰은 어떤가? 물론 오웰의 생각은 옳았다. 그러나 오웰의 생각이 모두 옳았던 것은 아니다. 그는 체제가 지닌 광기, 물신숭배 그리고 궁극적인 취약성을 미처 생각하지 못했다. 『타임즈』의 진실한 보도를 소각할 화로? 물론 있겠지. 하지만 어쨌든 『프라우다』를 아직도 믿는 사람이 있겠는가? 나아가 박물관에서 자기가 본 것을 정말로 믿는 사람이 있을까? '레닌의 위조 신분증명서', 트로츠키의 사진 없는 『프라우다』—그것은 진짜일까? 가짜일까? 체코 역사의 변조사진이 원판과 함께 나타나는 것 자체가 체코슬로바키아에 민주주의의 봄이 왔다는 희미한 징조이다. 그럼 누군가가 그 사진들을 보관하고 있었구만! 누군가가 그 사진들을 폐기시킬까봐 두려워했구만! 사진이 가진 증거로서의 위력이 신체에 대한 테러에 승리한 것이다. 그러나 교수형을 당하거나, 가스실에 들어가거나, 총살당한 사람들에게는 우리의 사진 철학이 아무 쓸모가 없다.

스탈린은 통나무집에서 장화를 신고 소파에 기대 코를 골고 있었다. 그의 곁에는 작은 가구만이 있었는데, 그 위에는 트로츠키로부터 압수한 문서가 놓여 있었다. 적의 뇌를 먹는 야만인처럼 스탈린은 자기가 증오하는 경쟁자의 지능을 섭취할 수 있다고 믿었다. 이러한 문서들은 아마 현재 마르크스-레닌주의 연구소의 문서보관소에 있을 것이다. 트로츠키의 사진도, 수용소 군도의 비밀 통계도, 붉은 군대가 아우슈비츠에서 입수한 기록도 거기에 있을 것이다. 오늘날의 역사가가 꿈속에서라도 희구하는 것은 알렉산드리아나 바티칸의 도서관이 아니라 모스크바 도서관이다. 아우슈비츠와 수용소 군도—그 둘 사이에는 아무런 차이도 없다.

재수정자는 같은 사진을 재수정한 판을 배포한 후 책으로 발행한다. 그런데 같은 책에서 각 장마다 다른 사진이 발견되는 경우도 있다. 모택동이 장정(長征)을 끝낸 뒤 연안 박물관장은 불안해졌다. 유리 케이스에 좀약을 넣었는 데도 모택동의 사진은 바랬으며, 그의 백마(白馬)는 좀이 슬었다. 기념물이 1천 년 이상 보존되는 나라에서 이 박물관은 30년을 못넘긴 것이다. 박물관장은 슬펐다. 그는 몇 장의 사진을 갖고 있었지만 어떤 사진을 걸어야 할지 몰랐다. 그는 오목한 코를 가진 유소기(劉小奇)의 사진, 뚱뚱한 팽진(彭眞)의 사진, 익살스런 임표(林彪)의 사진이 북경의 잡지에 다시 등장하는 것을 보았다. 그러나 그는 그때까지 아무런 지시도 받지 않았다. 이 불쌍한 박물관장은 망설였다. 그는 끝내 제국의 행진을 따라잡지 못했다. 그는 작은 종이인형이 그렇게 다루기 힘들 줄은 상상도 못했다.

레닌의 전설적 생애

10월혁명 이전에는 러시아 언론에 레닌의 사진이 거의 게재되지 않았다. 혁명기에 들어서면서 신문의 사진에서 간혹 레닌이 보이기도 했지만 그것은 항상 다른 볼셰비키와 함께 있는 모습이었다.

1920년경부터 공산당 선전부원들이 레닌의 사진을 이용하기 시작했다. 이때의 주요 방법에는 회의장의 정면에 거대한 초상사진을 걸어 놓거나, 그림엽서의 발행, 전통적인 종교적 성화를 사진으로 대체하거나 『프라우다』 등의 신문에 사진 에세이를 싣는 것 등이 있었다. 이것이 때로 레닌을 격노하게 했지만 그럼에도 불구하고 그는 이러한 '개인숭배'를 방치했다.

1924년 레닌이 사망한 뒤 사진은 증가에 증가를 거듭했다. 1931년까지 마르크스-레닌주의 연구소는 레닌이 남긴 모든 것을 경건하게 수집했다. 볼셰비키 핵심대오에 의한 권력장악을 대중혁명으로 재조명하고, 레닌을 유일한 지도자로 치켜올리는 방식으로 역사는 다시 씌어졌다. 스탈린이 레닌에 관한 책을 출판한 1931년, 숭배는 절정에 달했다.

그 이후 레닌은 점점 드물게 언급되었다. 그의 사진은 사라지고 대신 스탈린의 것이 등장했다. 1955년 탈(脫)스탈린화가 진행되면서 레닌의 이미지는 유례없이 풍부하게 재등장했다. 그 주요 목적은 스탈린 체제를 지워 버리는 데 있었다. 스탈린 사후 30년이 흐른 지금 레닌은 여전히 숭배되고 있으며, 옛 사진들은 여기에서 아주 중요한 역할을 하고 있다.

지난 수십 년 동안 정치노선의 변화에 따라 수많은 곡절이 있었다. 예컨대 트로츠키의 망명과 암살, 모스크바에서 일련의 재판에 뒤이은 전(前)볼셰비키들의 숙청, 스탈린 숭배 그리고 뒤이은 탈스탈린화에 따라 인물들은 사진에서 사라지고 합성되고 때로는 재등장했다. 트로츠키만이 처음부터 끝까지 말소되었다. 그 밖의 사람들을 보면, 같은 저작에서 나타나는 여러 시기, 또는 이어지는 판형(版型)에서 재수정된 여러 종류의 사진이 드물지 않게 발견된다.

■ 카프리에서 체스를 두는 레닌

1908년 4월. 카프리 섬에 있는 별장의 테라스에서 레닌과 알렉산더 보그다노프가 체스를 두고 있고, 이를 별장 주인인 작가 막심 고리키(난간에 앉아 있다)가 지켜보고 있다. 동석한 사람들은 이그나티에프(앉아 있는데 프레임에서 잘려 나갔다), 라디즈니코프(레닌 옆에 앉아 있다), 바자로프(왼쪽에 서 있다), 페시코프(고리키 오른편), 보그다노바이다. 고리키는 1905년 혁명 직후 러시아를 떠나 이 별장에 7년간 거주했다. 그는 러시아 사회민주주의 망명가들이 혁명선전가들을 양성하는 학교로 이 별장을 사용하도록 허용했다. 레닌 자신도 이 학교 설립을 지원하여 1907년과 1908년에 각각 한 번씩 방문한 바 있다. 그러나 보그다노프와 고리키는 너무 '정신주의적인' 취향을 고집했기 때문에 레닌은 이 학교에서의 강의를 거부하고 파리 부근 롱주뫼에 자파의 학교를 설립했다. 이 문제로 인해 레닌과 고리키는 여러 해 동안 갈라섰다. 레닌은 고리키파의 오류를 설득하기 위해 카프리에 왔다. 레닌의 체스 상대는 작가·과학자·철학자이며 마하의 제자인 알렉산더 보그다노프(1928년 사망)였다. 레닌은 당시 집필중이었던 『유물론과 경험비판론』을 통해 마하를 신랄하게 비판하고 있었다. 그 이전까지 보그다노프는 레닌과 매우 가까운 협력자였다. 레닌과 결별한 후 보그다노프는 과학연구에 전념했다.
모자를 쓰고 고리키 옆에 서 있는 사람은 고리키파의 경제학자 블라디미르 바자로프이다. 볼셰비키 좌파인 그는 후일 레닌을 신랄하게 비판했다. 그는 1930년대 스탈린 재판의 희생자로서 반혁명 음모와 산업 파괴 활동 혐의로 기소되어 수천 명의 다른 경제학자·관리·기술자 들과 함께 유형되었다.
고리키와 보그다노프의 부인 사이에 서 있는 청년은 제노비 스베르들로프(1884-1966)이다. 그는

1. Y. 제라부브스키. 1908년 4월 10일과 17일 사이,
카프리(이탈리아) 섬에서. 『프롤레타리아 혁명』 제1호, 1926. 일련의
사진이 같은 날 촬영돼 『오고뇨크』(제17호, 1928), 『여성
노동자』(제3호, 1931), 『트루드』(제55호, 1966년 3월 16일자) 등과
같은 신문·잡지에 발표되었다.

볼셰비키이며 레닌의 친구로서 뒷날 소비에트 집행위원회 의장이 된 야콥 스베르들로프의 동생이다. 제노비 스베르들로프는 부친과 의절했기 때문에 고리키는 자기의 본명인 페시코프를 그가 사용하도록 허용했다. 고리키를 따라 프랑스와 이탈리아를 유랑한 페시코프는 1914년 프랑스 외인부대에 입대한다. 그는 1915년의 참호전에서 한 팔을 잃는다. 그후에는 콜차크의 백군에 가담하기도 했으며, 1923년 프랑스 시민권을 획득한 후에는 모로코 전쟁에 참가하여 료티 장군에게 협력했다. 1941년에는 드골과 런던에서 만나 그 밑에서 일했다. 드골은 그에게 중요한 임무를 부여해 아프리카 및 중동에 파견했다. 흥미있는 것은 드골이 장개석에게 보낼 특사로 페시코프 장군을 임명한 점이다.

이 사진은 레닌의 전기(傳記)에서 중요한 위치를 차지하고 있다. 이 사진은 그의 망명생활을 보여주는 몇 안 되는 사진 중 하나이며, 혁명운동의 '편향'에 대한 철학적 투쟁의 정황을 보여주는 유일한 사진이다. 따라서 이 사진은 역사책에서 빠질 수 없었으며, 수차례 수정되었다. 먼저 레닌에게 초점을 맞추기 위해 트리밍된 후 기분나쁜 바자로프가 삭제되었다. 다른 판에서는 소련을 떠나 다른 나라를 위해 일한 변절자로 간주되는 페시코프가 제거되었다. 체스 상대자인 보그다노프를 지우기는 어려웠으리라. 그러나 이 사진의 설명에서 그의 이름이 나오는 일은 거의 없었다.

2. 타스 통신(1936년경) 외 많은 출판물.
3. 『레닌 이야기』(프랑스어판, 1968) 또는 다른 많은 출판물. 『V.I 레닌』(1968), 『레닌과 로나차르스키 문헌목록』(모스크바, 1971) 등 마르크스-레닌주의 연구소 출판물.

■ 덧칠과 복구

1919년 5월 1일. 레닌은 붉은 광장에서
개최된 18세기 코사크 반란의 영웅
스테판 라친의 임시기념비 제막식에서
연설했다. 당시의 사진이 대부분
그랬듯이 음화 원판은 유리로 되어
있었기 때문에 여러번 사용하면 균열이
생기고 깨지곤 했다. 가장 광범하게
배포된 판에서는 사진이 복구되고 레닌
주위의 공간은 덧칠되었다. 특히
부적당한 위치에 있는 가로등은 완전히
제거되었다. 이 사진은 연설중인 레닌을
아래로부터 촬영함으로써 박력있는
영상을 만들어내고 있다. 이 기법은
소련뿐 아니라 세계 각국의 포스터와
몽타주 사진 제작자들이 광범하게
이용하였다.

1. G.P. 골드스타인, 1919년 5월 1일, 모스크바.
『붉은 군대』 제62호, 1924.
2. 『레닌, 그의 생애와 업적』(독일어판) 비엔나,
1924. 『사진으로 보는 레닌』(프랑스어판) 1950년
또는 여러 출판물.

■ 사열

1919년 5월 25일. 레닌과 군지도자들은
붉은 광장에서 민병대를 사열했다.
재수정자들은 보통 레닌만 나타나도록
조작했다. 그것은 레닌 주위의 인물들을
지우기만 하면 되는 것이었다. 배경이
완전히 지워진 레닌의 모습은
포스터·우표·배지와 수많은
일러스트에서 광범하게 이용되었다.

1. 아마도 N. 스미르노프, 1919년 5월 25일,
모스크바 『일리치』라는 제목의 소책자(발행년도
무기재).
2. 1930년 이후 타스 통신. 여러 형태로
트리밍하거나 주위를 완전하게 색칠해 버린 것 등이
있다.

■ 트럭 위의 연설

1919년 5월 25일. 백군이 진격하여 페테르부르그와
모스크바를 위협하고 있었기 때문에 상황은 수개월간
극도의 긴장감이 감돌았다. 이 기간중 레닌은 군대를
격려하기 위해 거의 매일 연설했다. 이 사진은 트럭 위에
올라서서 붉은 광장에 모인 민병대에게 연설하는
장면이다. 레닌 뒤에 서 있는 사람은 벨라 쿤 지도하의
헝가리 혁명정부가 소비에트 정부에 지원을 요청하기
위해 파견한 특사 티보르 사무엘리이다. 스탈린
치하에서는 레닌을 더 선명히 묘사하기 위해 주위의
공간을 덧칠했다. 그것은 또한 볼셰비키 혁명의
국제화에 대한 어떠한 환상도 갖지 못하도록 하기 위한
것이기도 했다.

1. K. A. 쿠즈네스토프. 1919년 5월 25일. 『붉은 군대 연보』 제1회,
1924. 키노크로니카사가 촬영한 영화 장면도 있다. 그 장면이
『키노(영화) 프라우다』 제21호에 수록돼 있다.
2. 1930년대초, 소련 국내외의 다수 출판물. 예를 들어 알렉산더
브라민 저, 『소련에 봉사한 20년』(프랑스어판) 파리, 1939.

■ 트로츠키의 팔꿈치

카메네프·레닌·트로츠키가 붉은 광장에서 거행된 10월혁명 2주년 기념식에
참석했다. 트로츠키는 경례하고 있고, 세 사람의 주위에는 몇 명의 볼셰비키와
경호원이 서 있다.

트로츠키와 의형제이며 정치국원이었던 카메네프는 후일 스탈린의 정적이 되어
재판을 받고 1936년 처형된다. 당시에 레닌과 어깨를 겨루던 전쟁장관 레온
트로츠키는 1928년 알마아타로 추방된다. 그후 멕시코에서 망명생활을 하던중
1940년 스탈린이 보낸 자객에 의해 암살된다.

스탈린 시대의 역사책·잡지·백과사전에서 이 사진은 제한적으로만 나타난다.
그 당시의 판은 지금도 보존되어 있다. 레닌의 얼굴을 중심으로 레닌만이
강조된다. 2번 사진의 왼쪽에 일부가 보이는 어깨는 카메네프의 것이고,
오른쪽의 팔꿈치는 트로츠키의 것이라는 점을 누가 알겠는가?

이 행사에서 사진가와 영화 촬영기사들은 여러 각도로부터 세 명의 주요인물을
촬영했다. 그러나 소비에트의 일러스트 담당자들은 사진과 필름의 스틸을
수정하고, 정도의 차이는 있어도 프레임의 초점을 레닌에게 맞추고 그의 얼굴과
옷을 채색했다.

1. L. Y. 레오니도프, 1919년 11월 7일, 모스크바.
『프라우다』 제251호(1919년 11월 9일자, 제3면).
『레닌 앨범』 모스크바, 1920.
2. 1930년 이후의 모든 도상. 『레닌 사진 또는
영화 스틸집』(모스크바, 1970).
3. 뉴스영화 『모스크바에서의 10월 행사』(1919,
촬영기사는 G. 귀베르 혹은 렘베르그). 『레닌 사진
또는 영화 스틸집』(1970).
4. 『전기적 에세이』(프랑스어판) 1970. 『간추린
전기적 에세이』(프랑스어판) 1972. 그 외 무수한
소책자. 더 나아가서는 『모스크바에서의 레닌의
족적을 찾아서』(간행년도 무기재)와 같은 관광용
접는 팜플렛에까지 이용되고 있다.

■ 크렘린에서의 녹음 장면

1919년 3월. 레닌이 크렘린내에 설치된 스튜디오에서
연설을 녹음하고 있다. 원래의 사진에서는 옷차림이
헝클어지고 가슴과 바지의 단추가 보인다. 사진 기록을
제작하고 배포를 담당하는 마르크스-레닌주의 연구소의
성화 제작자들은 이같이 민감한 부분을 재수정했다.
그들은 이 기회에 연사의 얼굴과 여러 부분을 강조했다.

　1. L. Y. 레오니도프, 1919년 3월 29일, 모스크바. 『오고뇨크』 제9호,
1924.
　2. 『레닌 이야기』(1968). 많은 저작 중에 비슷한 것들이 보인다. 예를
들어서 『사진으로 보는 레닌』(1950), 레닌 박물관의 여러 점의 회화가
있다(모스크바, 레닌그라드, 프라하).

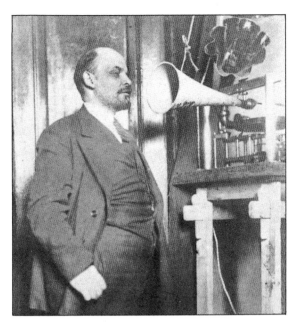

■ 중앙위원회로부터 트로이카까지

단 한 장의 사진이 수많은 자손 사진을 낳을 수 있다. 1919년 볼셰비키당 제8차 대회에서 촬영된 이 단체사진이 그것을 이야기해 준다. 이 사진에 나온 톰스키·라쉐비치·스밀가 등 15인은 뒷날 스탈린에 의해 암살되었다. 이 시기의 자료에는 거의 등장하지 않던 스탈린이 사진에서는 레닌 바로 옆에 앉아 있다. 1930년 이후 이 사진에서 지워지지 않은 부분은 스탈린, 레닌, 칼리닌이 횡으로 앉아 있는 장면뿐이다. 그 앞뒤 사람들의 소매·상의·모자·손·얼굴의 일부를 지우기 위해 주위가 채색되었다. 이리하여 세 사람은 여러가지 프레임 예컨대 직사각형, 타원형 또는 뒤집은 형으로 나타난다. 더구나 항상 재수정된다. 레닌이 항상 서류가방을 팔에 끼고 있지는 않다. 스탈린과 레닌의 모습은 좀더 부드러워진다. 볼셰비키당의 집단지도부는 트리밍의 마술에 의해 일종의 트로이카로 전환된다(1922년의 첫번째 트로이카는 스탈린·지노비에프·카메네프로 구성되지만 뒷날에는 실재하는, 또는 가공의 트로이카가 여럿 존재한다). 칼리닌은 공화국 집행위원회 의장(뒤의 소련 최고인민회의 의장)이 되어 1946년 사망할 때까지 스탈린 체제하에서 명성을 유지한다. 그가 정치적으로 장수한 것은 트로츠키와 매우 닮았기 때문이었을 것이라고 한다. 문맹퇴치운동의 과정에서 지도자들의 사진이—더구나 그 이름은 자주 바뀌었다—옛날의 성화를 대체했다.

그러나 스탈린 시대의 많은 잡지와 역사서에서 레닌 및 스탈린 두 지도자와 가까이 앉아 있던 칼리닌도 삭제되었다. 그것은 두 지도자 사이의 우정과 친밀감을 한층 강조하기 위해서였다. 이때 재수정된 사진에는 서류가방을 든 레닌과 들지 않은 레닌 두 종류가 있다. 세월이 흘러 제22차 당대회에서는 탈스탈린화가 추진되었다. 레오니드 브레즈네프하에서 소련 학생들이 배우던 교과서에서도 같은 사진이 나오지만 이번에는 프레임이 오른쪽으로 이동해 레닌과 칼리닌만이 나타난다. 때로는 레닌만 단독으로 나온 사진이 출현하기도 하는데 마치 직무를 끝내고 어두운 복도로 나오는 모습으로 보이기도 한다. 스탈린이 다시 역사서에 조심스럽게 언급되기 시작한 1980년대에 이 사진은 독재자 스탈린의 초상을 보여주기 위해 사용되곤 했다. 그러나 이때는 스탈린이 레닌과 분리되어 단독으로 나타난다.

1. L. Y. 레오니도프일 것으로 추측된다. 1919년 3월 29일, 모스크바.
2. 『소비에트 연방사(史)』(러시아어판, 또는 프랑스어판. 1947년 또는 1949년, 모스크바).
3. 『스탈린이 본 레닌』(프랑스어판) 1939년 모스크바. 또는 타스 통신(1950년경).
4. 『소비에트 연방사』 9학년(최종 학년용 교과서) 모스크바, 1979.

И. Ленин, И. В. Сталин и М. И. Калинин на VIII съезде РКП(б). Март 1919

Фото.

■ 중앙위원회의 확대사진

오른쪽 사진은 1922년 레닌과 트로츠키 주위에 운집한
1백여 명의 볼셰비키 중앙위원회 위원들을 촬영한 것이다.
스탈린 시대의 우상 제작자들은 이 사진에서 레닌의
얼굴만 뽑아서 확대하고 이를 화필로 재수정했다.
트로츠키(사진 중앙에서 약간 오른편)와
카메네프(레닌의 바로 왼쪽)는 1936년에서 1940년 사이
스탈린의 명령에 의해 처형된 다른 사람들과 함께
제거되었다. 레닌은 이 집단 중 한 사람에 불과했다.
오늘날에는 레닌의 얼굴만이 책에 등장한다. 레닌이
나온 수십 장의 사진들은 바로 이와같은 방법으로 레닌의
'초상사진'이 되었다.

1. 촬영자 불명, 1922년 10월 31일, 모스크바. 『앨범, 레닌의
생애-러시아 공산당사(史)』(간행년도 무기재).
2. 『레닌 사진 또는 영화 스틸집』(1970).

■ 1905년의 고참당원들

1905년 혁명에 참가했던 볼셰비키 당원들이 1920년 다시
모여 카메라 앞에 포즈를 취했다. 레닌 옆에 앉아 있는
카메네프 등등은 뒷날 스탈린에 의해 처형되었다.
마르크스-레닌주의 연구소가 배포한 판(版)에는 레닌의
왼쪽 부분을 트리밍해 버렸다.

1. V. 불라, 1920년 3월 29일 또는 4월 5일. 『레닌그라드』 제2호,
1925. 또는 기보르의 같은 책(1924).
2. 『레닌 사진 또는 영화 스틸집』(1970).

■ 군중 속의 얼굴들

1920년 7월 페테르부르그의 궁전광장. 공산주의 인터내셔널 제2차 대회
개회식에는 레닌이 칼 리프크네히트와 로자 룩셈부르그를 지지하는 연설을
하고 있다. 연단 아래에 있는 군중이 레닌을 둘러싸고 있다. 이 사진은 여러
장의 대형 소련 역사사진과 레닌 초상사진을 촬영한 사진가 빅토르 불라가 찍은
것이다. 그는 후일 신성한 영상의 창조를 위해 사진을 수정했다. 이 사진은
통신사에 의해 전세계로 배포되었다. 그런데 마르크스-레닌주의 연구소의 공식
판과 모스크바의 마야코프스키 박물관에 걸린 사진에서는 레닌 뒤에 있는 두
사람의 얼굴과 좌측에 서 있는 또 한 사람이 사라져 버렸다. 레닌에 의해
가리워진 사람의 신원을 확인하기는 불가능하다(아마 레닌의 얼굴을 강조하기
위해 지워졌을 것이다). 그러나 우리는 수정자가 다른 동지들과 함께 연단 끝의
깃발 속으로 사라지게 했던, 모자 쓴 키 큰 사람의 이름을 알고 있다. 우리는 또
회색 코트의 사나이가 누군지 알고 있다. 수정자는 그의 뒤에 서 있는 모자를 쓴
사람의 어두운 색의 옷 속으로 그를 사라지게 했다. 둥글고 온화한 얼굴에
수염이 풍부하고 모자를 삐뚜로 쓴 사람—깃발 속으로 사라진 사람—은
니콜라이 부하린(1889-1938)이다. 뒷사람의 옷 속으로 사라진, 머리는
대머리이고 가늘고 엄격해 보이는 얼굴의 광대뼈가 불거져 나오고 수염이 작은
사내는 아나스타스 미코얀(1895-1978)이다.

부하린은 1938년 처형되었고 미코얀은 스탈린보다 더 오래 살았다. 그가
사진에서 사라진 것은 단기간의 실각 때문이었을 것이다. 또는 단순히 스탈린의
질투 때문이었는지도 모른다. 입증된 사진 중에서 스탈린이 레닌 곁에 나타나는
사진은 몇 개 되지 않는다. 그리고 스탈린은 그의 동료들이 자기보다 더
'혁명적'일 수도 있다는 것을 참을 수 없었을 것이다.

1. V. 불라, 1920년 7월 19일 페트로그라드. 『붉은 파노라마』 제3호, 1924.
2. 마야코프스키 박물관, 모스크바. 노보스티 통신사(1950년경) 그리고 또 C. 프류 편 『그 자신에
의한 마야코프스키』 파리, 1961. 원판에 의한 사진은 1960년경부터 자주 나왔으며, 그 이후 수많은
저작에 보였다. 예를 들면, 『소비에트 사진집』(1980)이라든지 『레닌, 그의 생애와 업적』(1985) 등.

■ 트로츠키, 사라지다

1920년 5월 5일. 트로츠키, 카메네프와 레닌은(3월에 소련을 침공해온) 폴란드군과 싸우러 출정하는 병사들을 향해 연설했다. 몇 초간의 간격을 두고 연단 위에서 연설하는 레닌의 모습이 촬영되었지만 두 사진이 촬영된 각도는 약간씩 다르다. 이 사진들은 혁명기의 사진들 중 가장 유명한 것들이다. 이 두 장의 사진을 기초로 하여 여러가지 포스터·몽타주 사진·책표지·조각·벽화·모자이크·우표가 제작되었다.

그러나 일러스트레이터가 사용한 것은 레닌의 실루엣뿐이었다. 트로츠키가 망명한 1930년 이후에 이 사진은 여러가지 방법으로 트리밍되고 재수정되었다(3과 4). 하지만 검열당국은 연단과 광장이 다 드러나는 사진을 원했으므로 트로츠키와 카메네프만 지우고 그들이 있던 계단과 판자를 채색했다(2). 화가들도 이 똑같은 주제를 여러가지 방식으로 다뤘지만 언제나 트로츠키와 카메네프는 지워졌다. 그리하여 '사회주의 리얼리즘' 화가이며, 게라시모프의 제자인 브로드스키는 구성의 균형을 재조정하여(5) 두 볼셰비키 지도자가 있던 자리에 신문기자를 끼워 넣었다.

1. P. 골드스타인. 프레임이 거의 같고 레닌의 다른 자세를 담고 있는 사진이 2점 더 있다. 그리고 트로츠키가 연설하고 있고 레닌과 카메네프가 연단 밑에서 순서를 기다리고 있는 사진도 1점 더 있다(데이비드 킹 저 『트로츠키』(1979년판) 참고). 『레닌 전집』(1924). 기보르의 같은 책(1924).

2. 『V. I. 레닌』(1964). 『붉은 농지』제8호(1923년)에 처음 발표된 것은 트로츠키가 나와 있는 원판.

3. 『레닌 사진 또는 영화 스틸집』(1970). 세르게이 모로조프 저 『창조적 사진』(모스크바, 1985).

4. 『사진으로 보는 레닌』(1950).

5. 브로드스키가 그린 그림. 『소비에트 예술, 1917-57』(모스크바, 1957). 『레닌, 그 생애와 업적』(1985).

■ 트로츠키 및 카메네프와 함께

1920년 5월 5일의 회의 마지막에 사진가
레오니도프는 진지하게 토론중인 세 명의
볼셰비키 지도자들을 촬영했다. 오늘날의
소련 출판물에서는 레닌의 얼굴만이
나타난다.

1. L. Y. 레오니도프, 1920년 5월 5일, 모스크바.
『오고뇨크』제4호, 1924. 앙리 기보르 저 『레닌의
진짜 초상사진』(파리, 1924)에도 이 사진이 수록돼
있다.
2. 『레닌 사진 또는 영화 스틸집』(1970). 동시에
촬영된 또 한 장의 사진에는 같은 프레임 안에
레닌이 트로츠키 쪽으로 얼굴을 향하고 있는 것이
찍혀 있다. 그 사진에 대해서도 똑같은 방법으로
트리밍이 가해졌다.

■ 동료들과 함께

1920년 러시아 공산당 제9차 대회의 정치국 회의에서 한 사진가가 측근들에게 둘러싸인 레닌의 모습을 카메라에 담았다. 정면에 앉아 있는 사람은 리코프이다.
왼쪽으로부터 앉아 있는 사람은 에누키제·칼리닌·
부하린·스탈린·라쉐비치·카메네프·프레오브라젠스키·
세레브리야코프·레닌이다. 그 뒷줄은,
부하린 뒤로부터 메시체리야코프·크레스틴스키·
베르진·밀류틴·스밀가이다.
에누키제·부하린·카메네프·프레오브라젠스키·세레브리
야코프와 리코프는 1936년에서 1940년 사이에
처형되었다. 라쉐비치는 1928년 자살했다. 톰스키는
1936년 체포되기 직전 자살했다. 제2차 세계대전 후
마르크스-레닌주의 연구소가 발행한 이 사진의
판형에서는 일부가 트리밍되거나 때로는 레닌의
얼굴만이 나온다.

1. V. 불라. 1920년 3월 19일 혹은 4월 5일, 모스크바. 『레닌그라드』
제2호, 1925. 기보르의 같은 책 (1924).
2. 『레닌 사진 또는 영화 스틸집』 (1970).

■ 레닌과 고리키

1920년 7월. 공산주의 인터내셔널(코민테른) 제2차 대회가 페테르부르그의 우리츠키 궁전에서 개최되었다. 사진가 빅토르 불라는 휴식시간중에 파손된 현관에 모인 대의원들의 모습을 카메라에 담았다. 레닌 주위로 라데크(난간에 앉아 담배를 피우고 있다), 부하린(라데크로부터 두번째), 고리키(레닌의 뒤) 등이 보인다. 그리고 고리키 바로 다음(한 계단 위)에 지노비예프, 인도 대표 로이, 레닌의 여동생 마리아 울리아노바가 보인다.

1930년대의 초기의 판형에서 이 사진은 좁은 수직면으로 짤려 나간 레닌과 고리키만 보인다. 라데크(1939년 처형), 부하린(1938년 처형), 레닌의 여동생(1937년 의문사), 지노비예프(1936년 처형)는 삭제되었다. 그러나 지노비예프의 어깨의 일부는 남아 있다. 이 '고전적으로' 트리밍된 판형은 해외로 배포되었고, 예컨대 소련 사진전에 전시되었다.

하지만 다른 판에서는 레닌 주위의 인물들마저 제거되었다. 난간과 파손된 현관은 복구되고 채색되었다. 레닌이 단춧구멍에 끼웠던 배지와 리본은 제거되었다. 레닌의 가슴에 늘어뜨린 시계줄은 사라지고 구두는 깨끗이 닦여졌으며, 상의와 바지의 해진 실올은 깨끗이 처리되고 발밑의 잡초는 제거되었다. 음영으로 엄격해 보이는 얼굴은 부드러운 모습으로 바뀌었으며, 눈을 뜬 모습으로 수정되고, 귀가 두드러져 보이는 것을 완화하기 위해 목이 좀 두터워졌다. 바지 호주머니에서 빠져 나온 레닌의 새끼손가락은 호주머니 속으로 들어갔다. 25명의 인물이 삭제되고 모든 세세한 점들이 지워진 후 남은 것은 '1920년의 레닌과 고리키'라는 교훈적인 사진이었다. 모스크바에 있는 레닌 박물관에 걸린 이 사진은 『소련 대백과사전』(그리고 레닌과

1. V. 불라. 1920년 7월 19일, 페테르부르그. 『공산주의 인터내셔널』
제13호, 1920. 『오고뇨크』(1927년 10월 2일, 이 책에 수록된 사진은
우측이 잘려 있다.)

고리키에 관한 모든 소련과 서구의 책들)에 복제되었다.
고리키 전집에는 이 사진의 또다른 판형이 실렸는데,
여기서는 처리기법이 좀 서툴러 레닌의 배지가 다시 상의
단춧구멍에 등장했다.

고리키는 레닌과 여러 차례 투쟁하고 연이어
망명했으며, 혁명에 대해(발작적으로 열광한 뒤) 유보적
태도를 취하고 스탈린과 그의 측근을 불신했지만 결국
소련으로 돌아와 스탈린에 의해 '위대한 프롤레타리아
작가'라든가 '소비에트 문학의 아버지'로 추대되었다.
그는 레닌 아카데미 회원과 중앙집행위원회 위원으로
임명되었다. 여러 학교·극장·공장 들에 그의 이름이
붙여졌다. 그의 출생지인 니즈니-노브고로드는 고리키
시(市)로 되었다. 그러나 고리키의 최후는 의문에 싸여
있다. 그가 소련의 생활에 환멸을 느꼈기 때문에 1936년
스탈린이 독살했다는 설도 있다.

　2. 1945년 이후, 타스 통신.『소비에트 사진집』(1980).『레닌, 그의
생애와 업적』(1985). 파리 그랑 팔레에서 개최한 레닌 탄생 백주년 기념
전람회(1980, 5-6월)에는 그 사진 그대로 출품되었다.
　3. 모스크바의 레닌 박물관 소장의 거대한 사진에 의한 회화. 레닌
박물관의 카탈로그. 고르핀켈 편『고리키 자서전』(1954) 참조. 그리고
소련에서 간행되었던 고리키 관계의 저작, 예를 들어『A.M.고리키
1868-1936』(모스크바, 1962) 등에도 이용되어 있다.
　4.『막심 고리키 전집』제16권(모스크바, 1979).『소련 대백과사전』
제2판(1949-60) 제12권, 148쪽에는 많은 수정을 한 여러가지 판의
사진이 수록되었다.

■ 망원경의 점진적 소멸

레닌은 말년에 고리키(현재는 '레닌스키-고리키') 시에
있는 전(前)모스크바 총독의 영지에서 강제된 휴양을
독서로 때우다 1924년 1월 21일 사망했다. 그는 가끔
작은 망원경으로 하늘을 관찰하곤 했다. 레닌의 여동생
마리아 울리아노바가 서툴게 구도를 잡은 이 사진은 항상
검열당국의 골칫거리였다. 그리하여 레닌의 부인
나데즈다 크루프스카야(1869-1939)의 머리를 조준하는
총구와 똑같아 보이는 이 망원경은 해가 갈수록 조금씩
짧아진다. 마르크스-레닌주의 연구소가 가장 최근에
발행한 판에서는 이 당혹스럽고 주제넘은 망원경을
간단히 삭제함으로써 이 문제를 영원히 해결하였다.

1. 마리아 울리아노바, 1922년 8월 또는 9월초. 『프라우다』
제215호(1922년 9월 24일자).
2. 노보스티 통신사(1972년경).
3. 『레닌, 그의 생애와 업적』(1985).
4. A. 네나로코프 『블라디미르 레닌』(노보스티 통신사, 1985).

■ 레닌을 방문한 스탈린

1921년초 레닌이 중증의 동맥경화증을 앓고 있음이 판명되었다. 그후 레닌은 모스크바 부근의 고리키 시(市)에서 대부분의 시간을 보냈다. 그는 자기의 은거지에서 여동생과 카메네프 같은 친한 사람 이외에는 방문객을 받지 않았다. 이 사진이 진짜인지에 대해서는 오랫동안 의심을 받아왔다. 그러나 이 사진이 여러가지로 재수정되어(레닌의 무릎 위에는 서류가 있고 스탈린의 손에 담배가 있는 등) 발표되었지만, 마르크스-레닌주의 연구소의 자료실에는 레닌의 여동생 마리아 울리아노바가 1922년 여름 스탈린의 고리키 시 방문중에 촬영한 여러 장의 사진 원판이 보존되어 있다. 하지만 1930년대초 완전히 조작된 사진이 발표된 것으로 보아 스탈린은 이 자료실의 사진들로는 만족하지 못한 것 같다. 레닌은 긴의자에 꾸부정하게 앉고 스탈린은 아버지같이 자애로운 모습으로 잘 안 보이지만 분명 더 높은 의자에 앉아 레닌을 내려다보고 있다. 다른 구도로 잡은 사진에서는 두 사람이 정원에서 나란히 서 있다. 이 사진은 마리아 울리아노바가 같은날 촬영한 매우 흐릿한 사진의 얼굴을 채색한 것이거나, 아니면 다른 방문객과 함께 찍은 사진에서 얼굴을 스탈린으로 바꿔치기 한 것일 것이다.

이같이 사진을 조작한 데는 특별한 목적이 있다. 즉 그것은 오랫동안 비밀로 감추어왔던 각서, 즉 레닌의 '유언'의 내용을 완충시키는 것이었다. 이 '유언'에는 다음과 같이 씌어 있다. "스탈린 동지는 당 총비서가 됨으로써 거대한 권력을 자기의 손에 집중시켰는데, 나는 그가 지혜롭게 권력을 행사할 수 있다고 확신할 수 없다… 그는 좀 포악한 데가 있고, 이 결점은 공산주의자 사이의 관계로서는 용인될 수 있으나 당 총비서의 자리에서는 용인될 수 없는 것이다." 스탈린 시대에 만들어진 선전사진의 목적은 이 '유언'의 기억을 지우고 두 사람 사이의 '친밀한 우정'을 보여주는 데 있었다.

1. 마리아 울리아노바. 1922년 8월 또는
9월초, 고리키. 「그림이 들어 있는
프라우다 부록」 제215호(1922년 9월 24일).
2. 타스 통신 「포토크로니카(사진 화보)」
제281343호(1938년 12월).

3. 『레닌, 그의 생애와 업적』(1985). 이
책에는 또 한 점의 사진이 수록돼 있다.
그것은 원판 사진과 아주 흡사한 것인데,
짧은 시차를 두고 촬영된 것으로 보인다.
4. 레닌 박물관 소장, 모스크바, 1939.

혁명의 풍경

　10월혁명으로부터 수년이 경과한 뒤 소련 역사가들이 최초로 혁명운동사를 집필할 때 발생되는 문제의 하나는 사진이 공식적인 노선과 모순될 경우가 생긴다는 데 있었다. 혁명운동은 복합적인 과정이었고, 두마(Duma, 러시아제국의회)에는 여러 정당들의 대표자들이 선출되었으며, 소요는 볼셰비키가 단독으로 일으킨 것이 아니었고, 레닌의 이름이 알려지지도 않은 시기에 수많은 정치적 인물들이 한동안 언론의 주목을 받았다. 페테르부르그에서 발생한 대부분의 가두시위에는 매우 이질적인 군중이 참가했다. 특히 병사·소상공인·관공리가 주로 참여했으며, 도시의 노동자는 상대적으로 적었다. 10월혁명의 승리 이후에는 유혈탄압이 자행되고 뒤이어 내전이 일어나 양진영 모두에서 학살과 고문이 만연했다.

　그래서 사진에 대한 첫번째 유형의 간섭은 검열이었다. 당시에 촬영된 수천 장의 사진 중에서 볼셰비키 운동, 1917년 2월과 7월의 시위, 10월혁명, 백군이 자행한 학살과 관계된 것들만 오늘날 볼 수 있다. 사진 중 일부는 공식적인 역사 해석과 일치시키기 위해 조심스럽게 재수정되어 시위에 적기(赤旗)가 포함되거나, 종교적 깃발을 포함하여 '부르주아적' 정치 단계의 깃발이 제거되고, 복장에 부착된 기장(記章)이 변조되었다.

　또한 혁명기간중 일기 불순, 사태의 급진전과 전반적 혼란으로 인해 사진가나 영화 촬영기사 등이 상황의 여러 측면, 모든 연설, 모든 충돌을 기록할 수 없었다. 당시에 촬영된 사진 중 결정적인 순간을 포착한 것이 드문 것은 이런 이유 때문이다(예외적으로 빅토르 불라는 7월 26일의 네프스키 학살 장면을 촬영했다). 반면 가두나 스몰니 여학교에 야영하는 적위대라든가 공격 다음날의 동궁(冬宮) 같은 휴지기나 소강 상태를 담은 사진은 많다… 그 어느것도 '위대한 프롤레타리아 혁명'의 명확하고 총체적인 모습을 담고 있지는 못하다. 가두연극에 의해 재구성된 장면이라든가 1920년대에 제작된 영화를 가지고 역사가들은 부족하나마 도상(圖像)을 보충할 수밖에 없었다. 그들은 이를 통해 1905년 혁명까지 소급해 작업할 수 있었다.

■ '피의 일요일'

1905년 1월, 페테르부르그. 푸틸로프 공장에서의 총파업. 조선소·공장·방직공장이 운동에 동참한다. 1월 9일 일요일 아침, 각 지구로부터 온 수만 명의 노동자들이 군대가 경비하는 동궁을 향해 행진한다. 대열의 선두에 선 가퐁 신부는 성화(聖畵)를 든 사람들에 둘러싸여 있다. 그들은 차르에게 호소하려 했다. 나르바 문(門)에서 시위대는 저지되고 군대가 발포하여 많은 사상자가 발생했다. 그날 오후에는 동궁 주위에서 또다른 사건들이 발생, 상당한 혼란에 빠진 군대는 시위대뿐만 아니라 나무에 오르거나 벽에 밀린 구경꾼들에게까지 발포한다. 이날의 사건은 '피의 일요일'(또는 '검은 일요일')이라는 이름으로 역사에 남는다.

그날의 거리와 바리케이드에 대한 사진이 몇 점 남아 있지만 1920년대야말로 언론에 공개된 이 사진보다 더 강렬한 충격을 주는 것은 없다. 눈 속에서 두드러진 군중과 병사의 선(線), 흑백의 대비, 대각선의 강렬함으로 사진은 대단히 훌륭한 작품이 되었고, 이는 20년대 소련의 영화 양식을 시사하고 있다. 그러나 이 사진은 비야체슬라브 비스코프스키가 만든 영화 「1월 9일」(또는 「피의 일요일」이라고도 한다)의 한 장면일 뿐이다. 이 영화는 가퐁 신부 역에 예프게니 보로니힌, 니콜라스 2세 역에 에드바코프가 출연하여 1925년 레닌그라드에서 재구성된 작품이다. 이 영화는 마지막 부분의 군중 장면이 볼 만하고, 그 생생한 표현은 에이젠슈타인을 생각나게 한다. 이 사진은 영화의 스틸 사진 중 하나이거나 아니면 촬영중에 별도로 찍은 것일 것이다. 영화가 개봉된 이후 이 사진은 거의 모든 소련 출판물에서 1905년의 혁명을 상징하는 사진이 되었다.

1917-30년 이후 타스 통신에 의해 배급된 사진.
소련에서 출판된 거의 모든 역사서, 예를 들면
『레닌, 그의 생애와 업적』(1985)의 삽화로도
사용되었다. 또 여러가지 역사관계 사진집에도
수록되었다. 그 중 하나는 『초기의 보도사진가
1848-1914년』(파리, 1977). 이 사진은 바이올렛
통신사의 공급에 의한 것이며, 설명문에는 이렇게
적혀 있다. "1917년 10월 차르의 친위대 군중에
발포"라고.

■ 오데사의 계단

1905년 6월 27일, 러시아 흑해 함대의 전함 포템킨 타브리체스키 선상에서 670명의 수병이 부패된 식량 문제로 반란을 일으켰다. 수병 아파나시 마투센코 지도 아래 반란을 일으킨 수병들은 전함을 탈취하고 몇 명의 장교를 살해하여 바다에 내던진 뒤 오데사 항에 닻을 내렸다. 4월 이후 오데사 시는 파업과 반란에 휩싸였다. 27일 아침, 이 지역의 군관구 사령관 코하노프 장군은 계엄령을 선포했다. 포템킨 호의 수병들은 항구에 도착하자마자 반란 초기에 부함장에 의해 살해된 그레고리 바쿨린추크의 시체를 부두에 안치했다. 다음날 항구에 모인 군중이 크게 불어나자 장군은 코사크 군대에게 해산시키도록 명령했다. 뒤이어 가공할 만한 대학살이 자행되었지만(최소한 6천 명이 사망), 예상과는 달리 포템킨 호의 함포는 사용되지 않았다. 함대에 속한 몇 척의 전함이 포템킨 호를 따라 붉은 기를 게양했다. 그러나 반란의 목적을 달성하지 못하여 수일 후 포템킨 호는 오데사를 떠나 루마니아의 콘스탄차 항에 도착했다. 그곳에서의 반응은 중립적이었다. 그후 배는 크리미아의 테오도시아 항에 도착했는데, 이 항구는 총격으로 그들을 대접했다. 포템킨 호는 7월 8일 콘스탄차로 서둘러 돌아와 루마니아 당국에 항복했다. 루마니아 당국은 그들에게 망명지를 제공했다.

이 모험이 격렬했던 만큼 러시아사(史)에서 그것에 대한 자료도 거의 없었다. 1905년 혁명 20주년 기념영화의 제작을 위촉받은 세르게이 에이젠슈타인은 이 사건을 영화의 주제로 선택했다. 1925년 완성된 이 영화에 대한 소련 당국의 반응은 냉담했다. 그러나 해외에서 대성공을 거두면서 제작국인 소련에서도 유명해졌다. 그후 이 영화의 영상이 계속 복제되고 많은 사람들이 영화를 감상하면서 신화가 탄생되었다. 더욱이 이용할 수 있는 역사 자료는 희귀하고, 국내외 역사가들은 하나하나를 놓고 의견 대립을 일으켰다. 특히 이 영화의 가장 강렬한 장면, 즉 유명한 오데사의 계단의 장면에 대해서 에이젠슈타인은 다음과 같이 명확히 이야기하고 있다.

"처음에 이 계단은 단지 흩어지다 죽을 수밖에 없는 비극의 희생자들 사이에 극적이고 운율적인 연계로써 사용하려 했다. 사실 원래의 초안이나 몽타주 계획에서 오데사의 계단에서의 학살은 예정에 없었다. 나는 이 계단을 본 순간 홀연히 학살 장면을 생각해냈다. 계단 꼭대기―리셜리외 공작의 동상 발밑―에 버찌를 씹으면서 앉아 있었는데, 그 씨앗이 계단에 튀기는 것을 본 순간 전체의 장면이 문득 내 머릿속을 파고들었다. 그것은 신화였다. 매력적인 것이기는

1. A. 페도로프, 『1905년 흑해함대의 혁명적 봉기』(모스크바, 1946). 이 책은 영화 영상에서 합성한 몽타주 사진 한 장을 삽화로써 사용하고 있다. 이 책은 지금 국립도서관에 한 권 보존되어 있는데, 인쇄 상태가 좋지 않아 명확하게 복제할 수 없었다.

2. M. A. 포르스트라는 서명이 들어 있는 사진. 유럽의 여러 잡지(예를 들면 『일러스트레이션』 1905년 7월 22일호)에 발표되었다. 수정을 가한 형태로 소련 대부분의 역사서에 재록돼 있다.

했지만 신화에 불과했다. 실로 그 장면의 영감이 떠오른 것은 계단을 밟으면서였다. 동상 뒤쪽에서 뛰쳐나오는 사람들을 본 순간 감독의 마음에는 새로운 극적 전개의 구상이 떠올랐다. 그리고 계단 아래쪽으로 돌진하는 군중들의 공포는 내가 저 동상을 처음 보았을 때의 느낌을 시각적으로 구현한 데 불과한 것처럼 느껴졌다."

에이젠슈타인은 탄압의 모든 영상을 계단에 집중시킴으로써 폭력적이고 충격적인 일련의 영상을 만들어냈다. 현재의 역사가들은 당시의 사건을 매우 상세하게 기술하고 있지만 자기의 서술이 한 영화감독이 상상한 장면을 그대로 묘사하고 있다는 점은 깨닫지 못하고 있다.

반란 이전에 전함 그 자체와 장교들의 모습을 담은 사진은 여러가지가 있다. 폭동중 승선했던 사진가는 한 명도 없고, 배가 부두로부터도 멀리 떨어져 있었기 때문에 상세한 묘사도 불가능했다. 코사크 기병의 돌격중에 촬영된 사진은 한 장도 없다. 그때까지도 사건 현장에 직접 참가하여 사진을 찍는 일이 관례로 되어 있지는 않았던 것이다. 그 다음주 유럽의 언론들은 질서가 회복된 뒤에 촬영된 수많은 사진을 게재했다. 그러나 이 사진들은 약탈과 화염의 결과라든가 산적한 시체를 보여줄 뿐이었다. 반란을 일으킨 수병의 유일한 사진은 포템킨 호가 루마니아의 콘스탄차 항에 정박했을 때 촬영된 것뿐이다. 소련 역사가들은 1920년대말 에이젠슈타인의 영화에 자극받아 반란에 관심을 갖기 시작했다. 그들은 아무런 양심의 가책도 없이 에이젠슈타인의 영화 장면을 자기 저작의 삽화로 사용했다. 심지어 역사가들은 오데사의 계단 장면을 사용했지만 역사적 견지에서 볼 때 이 장면은 가장 의심스러운 장면의 하나였다(1). 그 뒤에는 콘스탄차를 여행했던 사람이 촬영했던 관광사진이 재수정되어(수병과 함께 촬영된 여행객, 특히 여자는 삭제되었다) 오데사에서 촬영된 사진으로 제시되었다.(2, 보통 '반란을 일으킨 수병들이 전함을 탈취한 직후 포템킨 호 선상에서'라는 사진설명이 붙어 있다) 한편 오데사에서 빈번히 발생했던 약탈과 방화, 학살—소비에트 역사가들은 이를 간과하는 경향이 있다—의 사진들은 은폐되었다. 마지막으로 반란의 두 영웅, 마투센코와 바쿨린추크를 극도로 이상화하는 초상사진이 제작되었다. 이는 분명 이용가능한 유일한 자료인 군대의 신상서류에 첨부된 증명사진을 확대한 것일 것이다. 콘스탄차에서 촬영된 사진에서 보이는 특성이 소련 역사서에 나온 초상사진에서는 완전히 제거되었다. 이런 '사진'의 예술적 부드러움은 당시의 군대의 증명사진의 철칙이었던 인상파악을 위한 엄격한 리얼리즘과는 대조를 이룬다.

3. 『일러스트레이션』 1905년 7월 22일.
4. A. 페도로프의 같은 책. 또는 『레닌, 그의 생애와 업적』(1985).

■ 공격

10월혁명의 모든 영상 중 〈공격〉이라는 제목의 사진이 가장 유명하고 가장 많이 복제되었을 것이다. 이 사진은 소련에서 발행된 모든 역사서적, 혁명에 관한 모든 소책자, 세계 각국에서 출판된 저작들에 수록되어 있다. 그 사진은 '세계를 뒤흔든 10일' 중 결정적인 순간, 즉 1917년 10월 25일의 동궁(冬宮) 탈취 장면을 보여준다고 생각되고 있다. 이 사진에서는 궁전의 웅장한 정면, 광장 중앙에 있는 알렉산더 기둥의 하단부(사진 왼쪽)가 보인다. 사진의 가운데로부터 오른쪽에 걸쳐 병사들이 건물을 향해 질주하고 건물 앞에는 연기에 휩싸인 장갑차 같은 것이 있다. 구성은 완벽하다. 프레임 처리방법·밀도·역동성도 좋아 권위있고 강력한 혁명적 영상이다. 정말 모든 역사교과서에 실릴 만한 가치가 있는 사진이다. 그러나 이 사진은 너무나 완벽하기 때문에 의문이 생긴다.

첫째, 어떻게 하여 사진가의 코앞에 이같이 기적적인 무대가 갑자기 솟아올랐는가? 동시에 이 대담한 사진가가 어떻게 영화 「10월」에 등장하는 병사로 분장한 배우와 같이 독수리문(門) 정상에 자리를 잡고, 그같이 불안정한 위치에서 이같이 뛰어난 구성에 성공할 수 있었는가?

둘째, 1917년말 궁전 주위에는 통나무와 모래주머니로 구축된 높이 3미터의 바리케이드가 설치돼 있었다(역설적이지만 그 전날 또는 다음날 촬영된 믿을 만한 사진들에서는 이 바리케이드가 보인다. 때로는 같은 책의 다른 페이지에 실릴 때도 있다). 하지만 이 사진에서 바리케이드는 보이지 않는다.

마지막으로—가장 중요한 것은—이 사진이 촬영되었다고 주장되는 시점, 즉 코사크 기병대의 도주 직후는 바로 적군과 혁명적 병사들이 궁전 문을 뚫고 동궁으로 돌진했던 10월 25일(실력으로는 11월 7일) 밤 12시경이었다. 북부지방에서의 가을 어느날 밤이었던 이때 이 도시에는 아무런 불빛이 없었다. 이날 어둠을 더듬으며 돌진하는 군중을 추적하였던 존 리드는 "칠흑 같은 밤이었다"고 적고 있다. 그 역시 코사크군의 포화로 희미한 불빛이 새어나오는 궁전의 창문 바로 아래에 이르러서야 병사들의 제1열을 알아볼 수 있었다.

위조된 것일지라도 어쨌든 모든 사진은 나름대로의 진실을 담고 있다. 그것은 동궁에 대한 공격을 보여준다는 점이다. 그날이 11월 7일이었던 것은 사실이다. 그리고 확실히 그날 광장을 돌진하던 병사의 대부분은 혁명적 병사였다. 그러나

1. 촬영자 불명, 1920년 11월 7일. 제1판 존 리드 『세계를 뒤흔든 10일간』(모스크바와 파리, 1927).
2. 소련의 여러 간행물. 예를 들어 『레닌, 당, 10월』(모스크바, 1977). 역사서, 관광 안내 가이드, 팜플렛, 그림엽서 등등.

이 장면이 전개된 시점은 3년 후인 1920년 대낮이었다. 이 장면은 페테르부르그 군관구가 자유극선동단(*Vol'naya Komediya*)—혁명풍자극단(*Terevsat*)으로도 알려져 있다—의 협조하에 개최했던 10월혁명 기념 가두축제중에 촬영되었다. 이 극단은 1924년까지(그 이후에는 차츰 비정치적 극단이 되었다) 도시의 거리와 공장, 다리 위에서 공연하면서 관중을 연극에 참가시켰다. 이 극단이 혁명적 군중의 대규모 장면을 연출할 때는 공장노동자 심지어 적군 병사에게까지 참가를 호소했다(물론 적군 자체내에도 극단이 있었다). 동궁 공격을 재현할 때는 8천 명의 병사, 5백 명의 악사(樂士), 그리고 장갑차, 대포 심지어는 순양함 오로라 호까지 참가했다. 이 연극의 미술담당은 유리 안네코프, '연출 지휘'는 니콜라이 에브레이노프였다. 두 사람 모두 뒷날 소련을 떠나 망명함으로써 이 장면의 진실이 세상에 알려지게 되었지만 그들이 만든 영상은 소련에서 진짜 혁명 때의 사진으로 남는다.

첫눈에도 이 사진은 10월혁명에 참가했던 사람들이 기억하는 모습과 일치하지 않았기 때문에 더 어두운 새로운 사진이 제작되었다. 이 새로운 사진에서는 동궁의 창이 백색으로 칠해져 어두운 밤에 안에서 불을 켠 건물인 것처럼 착각을 일으킨다. 그후 이 사진은 더 정교한 사진으로 교체되었다. 두 명의 소련 연극 역사가는 뒷날 1920년의 장면을 해설하면서 "동궁이라는 실물을 이용할 수 있었다는 것 자체가 이 '탈취' 장면의 행운 중 하나였다"고 적고 있다.

■ 차르의 손

1927년 영화 「10월」이 제작됨으로써 소련 역사가들은 부족했던 혁명적 영상을 얻을 수 있었다. 에이젠슈타인은 유력한 문장을 통해 페테르부르그(그후 레닌그라드로 됨)에서 6개월 만에 영화를 제작하게 된 정황을 설명하고 있다. 이 촬영에 의해 시내 일부의 생활 리듬과 냉랭함, 주민들의 외출을 싫어하는 습관을 바꾸어 놓을 수 있었던 것이다. 에이젠슈타인은 10만 명 이상을 동원하여 공장·가두·다리(橋)·동궁 주변에서 대규모 군중 장면을 재현했다. 영화 촬영기사와 사진가들은 이제 '세계를 뒤흔든 10일'의 하루하루를 보여주는 잘 구성된 장관들을—한 점도 낭비하지 않고—전체적으로 촬영할 기회를 잡았다. 어느 공산주의적 영화비평가가 표현했듯이 "영화 「10월」의 몇몇

1·2·3. 1930–36년경 출처의 명시없이 타스 통신으로부터
배급되었고, 서방의 대부분의 통신사가 채용했다. '연설중인 레닌'
'페트로그라드에서의 중앙위원회 회합' '공장 봉기'라는 사진 설명이
붙어 있다.

장면들은 가장 훌륭한 역사적 재현물에 속한다."「10월」 중의 장면이 여러 역사서적에 기록사진으로 게재된 것은 결코 드물지 않다. 예컨대 연설하는 레닌(니칸드로프 역, 1), 중앙위원회의 장면(역시 배우들이 분장, 2), 공장의 봉기(3), 동궁 공격(4).

「10월」의 또다른 측면은 오랫동안 역사가들에 의해 망각되어 왔다. 오늘날의 관점에서 에이젠슈타인을 비판하는 것은 꽤 곤란하고 미묘한 문제이다. 왜냐하면 1927년말 작가 자신이 제시했던 「10월」의 제1판의 필름 길이는 3,800미터였던 반면 1928년초 공개된 판은 2,800미터에 불과했고, 오늘날 서방의 필름 도서관에 보존된 것은 겨우 2,200미터이기 때문이다. 스탈린이 요구했던 삭제가 어떤 것이었는지는 추측해 볼 수 있지만(필름이 상영되었을 때 트로츠키는 알마아타에 유형중이었고, 다음해에는 소련에서 추방되었다), 그럼에도 불구하고 필름의 잔존 부분이 제시하는 다음과 같은 단순한 역사관을 받아들일 수는 없다. 즉 볼셰비키만이 유일하게 혁명에 참가했다든지, 멘셰비키는 어리석었다든지, 케렌스키를 우파 코르닐로프와 동렬에 선 증오스럽고 겁많고 과대망상증 독재자로 표현된다든지, 교회가 혁명에 참가했다든지 등등.

영화 서두에는 알렉산더 3세의 거대한 동상이 나온다. 차르는 왕관을 쓰고 옥좌에 앉아 오른손에는 홀(笏 : scepter)을, 왼손에는 제왕을 상징하는 금구(金球 : globe)를 쥐고 있다. 노동자와 농민으로 이루어진 일단의 군중이 이 동상을 에워싸고 있다. 몇몇 남녀들이 동상의 흉부와 다리를 수십겹의 로프로 묶는다. 그런 후 동상은—이번에는 로프없이—무너져 산산조각난다.

영화에서는 혁명의 진행에 따라 동상이 부서졌다 재구성되었다 한다. 에이젠슈타인이 하나의 상징으로 표현한 이 동상의 붕괴는 수천 개의 컷으로 이루어지는 연속적인 전개과정이다. 이 영상이 실제로 일어났던 영상적 사건과 어떤 관계가 있는가라는 문제는 제기된 적이 없다. 아마 제기될 여유조차 없었을 것이다.

첫번째 불일치는 동상이 모스크바의 그리스도 교회에 있는데 영화 전편이 모두 페테르부르그에서 촬영되었다. 더욱이 이 동상은 10월혁명 4년 후인 1921년 새로운 정권이 공고해질 때까지는 파괴되지 않았다. 동상은 '러시아 인민'을 대표하는 노동자 농민이 아니라 모스크바 시 공무원들에 의해 파괴되었다.

4. 『V. I. 레닌 전기적 에세이』(프랑스어판, 모스크바, 1972).
설명문에는 이렇게 기입돼 있다. "1917년 11월 7일 페트로그라드
민중은 봉기했다. 반혁명 임시정부의 중심으로서 존재한다. '동궁'을
쟁취했다."

그럼에도 불구하고 금구를 쥔 차르의 손의 클로즈업 사진은 오늘날 모든 소련의 저작에서 1917년 10월의 사건을 설명하는 사진으로 수록되어 있다. 훨씬 더 기묘한 것은 이 사진이 항상 거꾸로 인화되어 오른손으로 나타난다는 점이다. 에이젠슈타인은 이같이 1917년의 사건을 환기시키는 영화를 1927년 제작하면서 1921년의 사태를 형상화했다(물론 이 동상도 재창조된 모형이다). 소련 '역사가들'은 이 영상을 혁명기를 조명하는 사진으로 이용했다. 그렇다면 사진은 네 번 조작되었다. 즉 활동사진의 모형이므로 위조이며, 당시(1917년) 일어나지 않았던 사건을 보여준다는 점에서 위조이고, 모스크바가 아닌 페테르부르크에서 일어난 것처럼 보였기 때문에 위조이며, 왼손이 아닌 오른손을 보여준다는 점에서 위조이다.

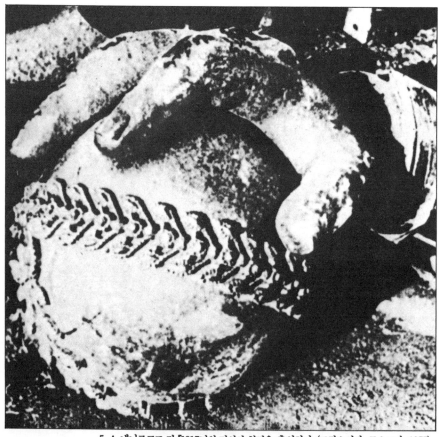

5. A. 네나로코프 저 『1917년의 러시아 혁명을 추인하다』(프랑스어판, 모스크바, 1977).

■ 트로츠키 집무실의 문

존 리드의 『세계를 뒤흔든 10일』
초기 판본에 게재된 이 사진의
설명문은 '트로츠키 집무실의
문'이다. 그후 1930년대에 소련 및
서구 공산당들이 발간한 같은
책에서는 10월혁명에서
트로츠키의 역할에 관한 언급들이
일부 삭제되었다. 물론 이 저서의
원판에 게재된 트로츠키의
초상사진도 삭제되었다. 이에
따라 다른 역사서들과 마찬가지로
존 리드의 저서에서도 '트로츠키
집무실의 문'은 '레닌 집무실의
문'으로 바뀌었다. 마찬가지로
현재 박물관이 된 스몰니
여학교에서 레닌의 방은
복원되었지만 혁명에 참가했다가
스탈린에 의해 제거된 다른
볼셰비키들의 흔적은 찾을 수
없다.

LA PORTE DE TROTSKY A L'INSTITUT SMOLNY.

21. Красногвардейцы охраняют вхо
в кабинет В. И. Ленина в Смольном.
1917 г.

촬영자 불명. 존 리드의 『세계를 뒤흔든
10일』(1927)에 처음 등장.
러시아어 설명문은 『레닌, 그의 생애와
업적』(1985)의 것.

■ 스몰니에서의 속임수

스몰니 여학교는 귀족계급의 딸들을 새로운 형식으로
교육하기 위해 캐더린 2세의 명령으로 세워진 기숙사
학교이다. 도심으로부터 떨어져 네바 강변에 위치한 이
학교의 건물에서 케렌스키의 동의하에 노동자 병사 대표
소비에트 중앙집행위원회가 설치되었다. 소비에트 제2차
대회는 이 건물에서 소비에트 정권수립을
선포했다(1917년 10월 25일-27일). 이 학교는 1918년 3월
모스크바로 이전될 때까지 소비에트의 본부로
이용되었다. 따라서 볼셰비키는 이곳에서 봉기와 새로운
정권수립을 지도했다. 혁명중에 촬영된 수많은 사진들이
포스터와 삐라가 잔뜩 붙은 스몰니 여학교의 정면을
보여주고 있다. 당시 뉴스영화로 제작된 사진 중 일부는
뒤에 재수정되었다(2). 입구의 기둥에 붙은
포스터는 다소 조야하게 채색되었다. 같은 뉴스영화
중에서 어떤 프레임(3)은 표트르 오주프가 찍은 학교
정면사진(1)과 마찬가지로 채색된 대상이 더
선명하게 식별된다.

우리가 면담한 목격자와 전문가들에 따르면 덧칠된
포스터는 트로츠키가 집필하고 서명했던
선언서였던 것 같다.

표트르 오주프의 사진이 처음 공표된 것은 존 리드의 『세계를 뒤흔든
10일간』(파리, 1927)에서이다. 그러나 그때 이미 사진은 수정돼
있었다. 같은 사진이 「소비에트 러시아 사진의 선구자들」이라는
전람회(파리장식예술 미술관, 1983)에 출품되었다(같은 제목의 저작
1983년).
수정된 사진은 A. 네나로크프의 『1917년의 러시아』(모스크바, 1977)에
수록돼 있다. 다른 한 장면의 사진을 『소비에트의 발자취
1917-36년』(모스크바, 1977)에서 볼 수 있다.

영상 조작의 대가 무솔리니

1919년 이전까지는 사회주의 활동가였던 베니토 무솔리니가 같은해 3월 밀라노에서 조직했던 이탈리아 전투단은 2년 뒤 국가 파시스트당으로 변신했다.

1922년 10월, 4만 명의 '검은 셔츠단(blackshirts)'이 로마에 진주했을 때, 비토리오 에마누엘레 왕은 무솔리니에게 전권을 위임한다. 처음 수상에 지명되었던 무솔리니는 사회당 의원 마테오티의 암살로 야기된 1925년의 위기를 계기로 자신을 '수령(Il Duce)'으로 하는 전체주의 체제를 확립한다. 부정선거, 비밀경찰, 관료주의, 인민 정당, 모든 시민에 대한 사상 주입, 반대파의 감금, 비상 법정 등 소비에트 체제가 스탈린주의화되기 훨씬 이전에, 히틀러가 독일에서 그리고 프랑코가 스페인에서 권력을 장악하기 전에 이탈리아는 현대 전체주의 국가의 모델을 유럽에 제공했다.

1924년, 무솔리니는 영화교육연맹을 설립했다(이 단체의 약자 '루체(LUCE)'는 이탈리아어로 '빛'을 의미하기도 한다). 이 연맹은 거의 20년 동안 영화, 사진, 또는 단순한 그림의 형태로 시각화된 체제 선전물의 대부분을 제작했다. 수령의 초상을 실은 영화·사진·엽서·깃발·포스터 그리고 동상이 무궁무진하게 복제되었다. 모든 것이 항상 재수정되어 무솔리니 주변의 사소한 것들과 사람들은 삭제되고 배경은 덧칠되었으며, 최고의 감정적 효과를 연출하기 위해 사진이 합성되었다. 독재자는 재빨리 화려한 의상을 입고 극적인 장면과 모든 종류의 상징적 제스처를 보임으로써 파시스트 제국 이탈리아의 웅장하고 전투적인 전형이 되었다.

■ 식량 전투

파시스트 정부의 농업장관 지아코모 아체르보가 수령
입회하에 '식량 전투'의 결과를 발표한다. 파시즘은 식량
전투(1925-31년), 토지개량 전투(1928년),
리라(이탈리아 화폐명—역주) 전투, 출생률 전투 등
군대식으로 조직된 대대적인 '전투'에 노동자들을
동원했다.

정부 각료는 모두 파시스트 제복을 착용했다. 이 제복은
에밀리아-로마냐의 농업노동자가 입는 작업복일 뿐만
아니라 1914-18년 전쟁의 특공대인 아르디티의
제복이기도 했다(그들 중의 일부는 시인 가브리엘
다눈치오를 따라 1919년 피우메 시를 장악하고 1년간
지속된 원(元)파시스트 체제를 확립했다). 여기에는
1848년에서 1867년 사이의 이탈리아 역사에서 탁월한
역할을 수행한 가리발디의 '붉은 셔츠단'과
동일시되려는 의도가 포함되어 있음이 분명하다.

이 행사에서 촬영된 사진을 통해 수령이 팔짱을 끼고
단호한 표정과 악다문 턱(그가 좋아하는 포즈이다)을 한
모습을 보여주면서 간단히 배경을 덧칠함으로써 루체는
보다 감동적인 초상화를 창조했다. 그것은 즉시
우편엽서·전단·포스터·우등생 표창장·배지 그리고
가정이나 공공장소에 걸어 놓기에 적합한 사진으로
수백만 장이 복제되었다.

1. 촬영자 불명. 약 1926-28년경.
2. 포스터, 사진, 그림엽서 루체 협회 1930년대.

IL DUCE

■ 이슬람의 칼

1942년 6월 29일. 트리폴리에 도착한 무솔리니는 말을
타고 리비아의 회교도가 선물한 이슬람의 칼을
휘두른다. 일주일 전에는 어윈 롬멜이 이끄는
독일-이탈리아 연합군이 토브룩을 점령하고 이집트를
향해 진격한 바 있다. 무솔리니는 이미 카이로에서
사진을 찍었지만, 리비아에 도착한 그는 최근 히틀러에
의해 육군 원수로 승진된 롬멜이 엘 알라메인에서 진격을
중지한 사실을 알았다. 실망한 무솔리니는 로마로
되돌아온다. 가을에는 몽고메리가 엘 알라메인을
장악하고 롬멜의 아프리카 군단을 속속
격퇴하기 시작한다.

수령의 유아독존적이고 장엄한 모습을 보이기 위해
배경의 인물이나 희미한 부분과 같은 잡다한 세부 묘사는
사진에서 제거되었다.

1. 1942년 6월 29일. 촬영자 불명. 루체 협회 공급.
2. 루이제 딜 「당당한 무솔리니」 1943. 또는 지오르지오 피니
「무솔리니 그 생애와 업적」 1953-58.

■ 연단에서

1934년 4월 22일 무솔리니는 파시스트 노동축제에서 강렬한 연설을 한다. 1927년의 노동헌장은 물론 일시적으로나마 완전고용 형태를 제시하는 일종의 협동체제를 규정했지만 다른 한편으로는 노동시간 이상으로 근로자의 생활을 통제했다.

그날 촬영된 사진들은 다양한 방식으로 재수정되었다. 배경이 삭제된 연설자의 모습이 포스터·잡지 표지·우편엽서에 사용되었다. 루체의 한 변조품에는 수령이 다정한 동상으로 전환되면서 연단은 파시스트의 달력에 따라 행사일의 날짜가 새겨진 받침대로 변해 있었다.

같은 날 촬영된 다른 사진은 수령을 배경으로부터 분리시키고 그의 앞을 가로지른 로프를 제거하기 위해 덧칠과 재수정기법이 동원되었다. 자질구레한 세부 묘사가 제거된 채 수령이 주먹을 치켜들고 있는 이 사진에는 다음과 같은 사진 설명이 실려 있다. 즉 '웅변과 무솔리니' 또는 더욱더 화려하게 '언어의 마술사', '제국의 창건자' 그리고 때로는 당시 가장 흔하게 사용되던 슬로건인 "믿어라, 복종하라, 싸워라！(Credere, Obbedire, Combattere！)" 또는 "무솔리니는 항상 옳다！(Mussolini a sempre ragione！)"가 실려 있다.

1. 1934년 4월 21일.
2. 루체 협회에서 공급한 사진.
3. 1934년 4월 21일.
4. 루이제 딜의 같은 책, 1934.

■ 사진의 범람

무솔리니와 같이 많은 사진을 남긴 정부 수반은 흔치 않다. 그는
모든 면에서 특별하게 행동하고 어디에서나 모습을 드러내고,
언제나 사진가가 그와 동행하도록 했다. 바이올린
연주·펜싱·다이빙·사격·추수하는 모습 그리고 대장장이로 일하는
모습을 볼 수 있다. 그는
농민·노동자·소방수·명사격수·잠수부·기수·비행기
조종사·오토바이 경주자·선원·광부 또는 그가 방문할 계획중인 어떤
직업의 사람에게도 걸맞는 옷을 입고 나타났다. 그는 가슴이 드러난
포즈나 수영복 차림도 꺼리지 않았다. 방독면에서 실크 모자,
중산모자에서 파시스트의 터키식 모자, 중절모에서 헬멧에
이르기까지 신문기자는 수령의 많은 모자의 모든
족적을—성공하지는 못했지만—뒤쫓으려 했다. 무솔리니의
비규격화된 행동은 분명히 선전의 필요조건에 완벽히 들어맞았다.
전투적인 용맹성, 영웅적인 사업, 이탈리아적인
생기발랄함으로서의 수령과 그의 사진은 야외생활, 폭력적인
스포츠, 고대 로마의 전통과 같은 파시스트의 주요 주제의 전형이
되었다. 이러한 사진들의 대부분은 그들에게 보다 강한 영향을
미치기 위해 재수정되었다. 그리하여 경주용차에 탄 수령을
보여주는 사진(1)에서는 그의 시선을 강조하고, 배경을
고정시킴으로써 더욱 역동적인 사진적 효과를 낸다. 또는 수령의
엄격한 표정을 음영과 대비시킴(2)으로써 불안한 심리효과를
연출한다(이것을 호프만이 선전포스터용으로 도려낸 히틀러의
초상과 비교해 보라). 이탈리아의 반(反)파시스트들은 이 사진 위에
감옥 창살을 그려 넣음으로써 자연스럽게 역이용했다(3). 수령을
고전적인 배경(여기서는 콜로세움, 4)과 대비시켜 위치를 잡거나
반대로 배경으로부터 도려내는 것(5), 두 가지 모두 고풍스러운
형식을 신성화하려는 것이다. 때때로 '화가'는 자신의 주제의
서정성에 빠져들어 사진과는 전혀 거리가 먼 것이 되기도 한다(6).

1. 지오르지오 피니의 같은 책, 1953-58년.
2. 사진을 이용해 만든 포스터, 1925.
3. 반파시스트 그림엽서, 1925.

4. 피라노 형태로 발표, 1936.
5. 여러 형태가 있다. 지오르지오 피니 『무솔리니』
베를린, 1940. 또는 루이제 딜의 같은 책, 1943.
6. 1924년 4월 27일, 지오르지오 피니의 같은 책,
1953-58.

■ 주축국의 두 그림자

이 사진은 무솔리니와 히틀러의 회담을 표현한 것이다.
양국의 선전기관은 베를린-로마축을 강화하기 위해 이
역사적인 만남들을 대대적으로 이용했지만, 치장된 이
한 쌍의 군인이 때로는 얼마나 우스꽝스럽게 보이는지
결코 이해하지 못했다. 찰리 채플린은 영화 「독재자」에서
이 장면을 효과적으로 활용했다. 역광을 받은 이
재치있는 장면은 대화의 극적인 측면을 강조하기 위해
더욱 어둡게 했는데, 그것은 중국의 그림자 연극의
효과를 본뜬 것이다.

1. 아마 1938년 9월 뮌헨회담중에 촬영한 사진일 것이다.
2. 그림엽서 형식으로 배포.

■ 미래주의로부터 몽타주 사진까지

제1차 세계대전 이전에 출현해 주로 이탈리아 북부에서 발전했던 미래주의 운동은 사회계약과 도시문명, 기계문명을 전면에 내세웠다. 그러나 미래주의의 반(反)부르주아적 사상은 극히 국수주의적이고 내정간섭주의적(1911년의 리비아 전쟁)이었다. 행동·힘·영웅주의, 심지어는 공격성의 신비화는 결국 '세계를 정화시키는 유일한 방법'으로써 전쟁을 찬양하기에 이르렀다. 이를 통해 그 운동의 두번째 파고가 파시즘과 일치하여 일종의 체제수호적 관제예술로 전화되는 과정을 알 수 있다. (선언문 「미래주의와 파시즘」, 1924년 참조)

미래주의 운동의 위대한 명작 중의 하나는 몽타주 사진이다. 소련 또는 독일의 구성주의, 존 하트필트, 라즐로 모홀리-나기 또는 다다이즘을 통해 몽타주 사진은 엄청난 인기를 누렸고, 제1차 세계대전 이후에는 화보 잡지를 통해 갑자기 번성했다. 이탈리아의 몽타주 사진은 기계·비행기·열차·거함(巨艦)·대도시·고층건물 등을 찬양했다. 하나의 프레임에 다양한 영상을 집적함으로써 선전당국은 풍요로움(과일·곡식·자동차·공장 등), 비옥함(젖먹이는 어머니·아이들), 또는 힘(체조선수·군인·탱크·비행기)의 영상을 제작할 수 있는 값싼 수단을 획득한다. 몽타주 사진은 시각적 선전수단의 주요한 형태가 되었다. 현대 로마와 고대 로마의 결합(1)이라든가, 무솔리니를 무한한 것으로 증폭시킨 특출한 콜라주(2)가 이러한 것들이다.

1. "상이군인이 로마제국의 신시가지를 행군하다" 『파시스트, 이탈리아』(로마, 1932)에 수록된 사진. 이 몽타주 사진에는 적어도 네 가지 종류의 요소가 겹쳐져 있다. 아치·광장·행군 그리고 비행기이다.

2. 1936년에 제작된 몽타주 사진, 작자명 없음.

제3제국의 연출

  제3제국의 시기(1933-45년)에 영상 조작은 국가예술의 수준으로까지 고양되었다. 나치스 어용 건축가 알베르트 스페에르(Albert Speer)가 제복을 입은 군중을 프레임에 담은 깃발, 횃불, 거대한 열주(列柱 : colonnades)를 가지고 디자인한 웅장한 작품들은 선전장관 요제프 괴벨스(Joseph Goebbels)의 무수하고 색채가 화려하고, 야만적이며 설득력있는 포스터 및 쏟아져 나오는 총통(히틀러)의 사진들과 완벽하게 혼연일체가 되었다. 이러한 포스터와 사진들을 어용 사진가 하인리히 호프만(Heinrich Hoffmann)이 매일 배포하였다. 사진과 영화는 인종차별주의의 신화를 창조하고 당 및 군부의 지도자들의 영광을 예찬하는 데 복무하는 선전도구로써 체계적으로 활용되었다. 그것들은 또한 실지(失地) 회복 캠페인, 생활공간 획득 투쟁과 국내외 적들에 대한 공격을 위한 선전도구로써도 활용되었다. 사진의 재수정은 당시의 소련과 같이 광범하게 이용되었지만 그것은 최근의 역사를 개작한다기보다(탐탁치 않은 인물의 사진은 삭제되었다) 사진을 정치적 유토피아와 일치시키는 문제였다. 그리하여 1933년 강제수용소는 일종의 쾌적한 휴양촌이나 노동 캠프로 표현되었으며, 주요 민족학 보고서에서 유럽의 유태인 거주지역은 무위도식·사악함·전염병의 서식지로 묘사되었다. 그리고 잡지란 잡지는 모조리 삽으로 무장한 독일 '아리안 족' 청년, 완벽하게 규율있는 병사, 총통을 사랑하도록 양육되는 아이들 그리고 '지배자의 혈통'을 영속시키기 위해 헌신하는 독일 모성애의 사진으로 가득 찼다.

  제2차 세계대전이 일어나자 사진을 포함하여 선전에는 한계가 존재하지 않게 되었다. 유럽 전체를 휩쓴 나치스 권력의 선전전쟁과 테러를 강화시키기 위해 뉴스영화·전투 장면·풍경·영웅 들이 조작되었다. 때로는 '최종적 해결(유태인 학살을 의미하는 암호명)'의 가공할 만한 공포의 비밀을 은폐하기 위해 조작되기도 했다.

■ 총통에게 봉사하는 사진가

히틀러에 관련된 영상은 모두 하인리히 호프만(1885-1957년)이라는 한 사람에
의해 만들어진 것이다. 그는 1919년 뮌헨에서 히틀러와 결합하여 마지막까지
그의 측근으로 있었다. 호프만은 허스트 통신사에 보도사진을 제공하기 위해
나치 당에 입당한 후 아돌프 히틀러의 친구가 되었다. 그래서 히틀러는 1933년
그에게 독점적인 사진촬영권을 주고 심지어는 그를 국회의원에 임명하기까지
했다. 호프만은 모든 신문을 통제하는 통신사를 설립했다. 그는 뛰어난
사업감각과 체제내 모든 사진에 대한 절대적 통제권으로 수년내에 막대한
재산을 축적했다. 호프만은 총통 개인에게 초점을 맞춘 수많은 선전 사진집을
발간했다. 그는 제3제국 기간중 총통 사진의 배포를 통제하는 한편 그 일부를
금지시켰다. 그는 몽타주 사진을 이용한 사진들(1), 고도로 양식화된
선거포스터용 초상사진(2), 강하게 재수정된 단순한 선전사진(3과 4)을
담당하는 책임자였다. 호프만은 대전이 종결되자 체포되어 10년형을
선고받았지만(뒷날 5년으로 감형) 결국 전범(戰犯) 명단에서 삭제되어
부역자로 분류되었다. 그의 자료의 일부는 미군에 의해 압수되어 워싱턴으로
이송되었다. 그후 그의 아들이며 유산상속인인 하인리히 호프만이 소송을
제기하여 승소했음에도 불구하고 그의 사진의 대부분은 전세계의 주요
통신사에 의해 자유롭게 복제되어 배포되었다.

HiTLER

1. 괴벨스의 신문 『공격』 신문사 건물 정면에 걸어
놓은 거대한 포스터. 표어는 "때는 왔다. 민중은
일어서 기호 1번에 제일 먼저 투표하자."
2. 선거 포스터, 1932년 7월.
3·4. 사진집 『유겐트(청년)와 히틀러』 뮌헨,
1935.

■ 수감된 폭동 지도자

히틀러와 에리히 루덴도르프 장군이 함께 한 아래 사진은
1924년 하인리히 호프만이 제작한 몽타주 사진이다.
아돌프 히틀러의 윤곽은 호프만이 뮌헨 폭동(1923년
11월 7-9일)중에 촬영한 원판과 합성한 것이다.

두 사람 모두 폭동의 지도자이며 적극적인 참가자였지만
히틀러와 장군이 제복을 입고 함께 찍은 훌륭한 사진은
없었다. 두 사람은 곧 서로 소원해졌다(루덴도르프는
독자적으로 민족주의적, 반(反)유태인적,
반(反)프리메이슨적 집단인 '탄넨베르크 동맹'을
결성했다). 그러나 동맹이 결성된 1924년에 히틀러는
수감되어 정치적으로 고립되었기 때문에 제1차
세계대전의 영웅과의 의견 불일치를 공개적으로
표시할 수 없었다.

두 사람이 어깨를 나란히 한 이 몽타주 사진은
루덴도르프에 대한 공갈 협박의 의미도 갖고 있었다. 즉
제1차 세계대전의 영웅이라는 위신 때문에 투옥을 면할
수 있었지만 루덴도르프 역시 독일 민족주의 운동에 대해
책임이 있다는 것을 상기시키는 것이다. 이 '사진'의
설명에는 '1924년 8월'이라고 되어 있지만 당시
히틀러는 탄즈베르그 요새에 유폐되어 있었고,
루덴도르프는 자유로운 몸이었기 때문에 둘의 만남은
불가능한 일이었다.

1. 1923년 11월.
2. 1924년 여름 동안에 공급된 몽타주 사진.

■ 원수(元首)와 상병(上兵)

이 사진에서는 히틀러와 파울 폰 힌덴부르그 원수가
나란히 서 있다. 이 사진은 1932년 11월 힌덴부르그
대통령이 파펜 내각으로부터 사임한 뒤 히틀러와 만났을
때 촬영된 것이다.

히틀러가 수상이 된 다음에 이 사진은 선거포스터로
활용되었다. 두 사람의 모습 모두 재수정되어 히틀러는
군복과 군용 코트를 착용하고 마그네슘 플래시의 평탄
효과를 교정하기 위해 두 사람의 얼굴이 재수정되었다.
특히 흥미있는 것은 두 사람 사이의 간격이 훨씬 더
좁혀진 점이다. 원판에 나타난 미래의 총통의 딱딱한
모습과 노병(老兵)과 히틀러 사이의 상당한 거리는
포스터에서 좁혀졌다. 히틀러는 이제 야전장군과
정치적으로 대등하게 나타났지만 그렇다 할지라도 군의
위계질서상 약간 뒤에 위치한다. 독일어로 된 문장에는
"원수와 사병은 우리와 함께 자유와 평등을 위해
투쟁한다"고 되어 있다. 그러나 이 포스터는 진짜
사진이라고 제시되지는 않았어도('뮌헨에서 마우어에
의해 합성'이라는 서명이 기재되어 있다) 공갈 협박의
효과를 나타냈다. 왜냐하면 힌덴부르그는 자기가
'보헤미안 상병(Bohemian corporal)'이라고 별명을 붙인
히틀러를 아무것도 아닌 존재로 생각했음에도 불구하고
이 사진은 노병(老兵)과 히틀러가 긴밀한 관계에 있는
것처럼 묘사했기 때문이다.

1. 아마 1932년 11월 19일.
2. 포스터, 1933.

DER **MARSCHALL** UND DER **GEFREITE**

MONTAGE BAUER MÜNCHEN

KÄMPFEN MIT UNS FÜR FRIEDEN UND GLEICHBERECHTIGUNG

■ 지도자의 초상

1938년 괴벨스의 지시에 따라 작성된 '하나의 민족, 하나의 제국, 한 명의 총통'이라는 부제를 달고 독일 전역에 광범위하게 배포된 이 포스터(3)를 위해서는 하인리히 호프만이 제작한 훨씬 이전의 사진이 이용되었다. 원판에서는 히틀러가 장식못이 박힌 의자를 손으로 짚고 서 있다. 그는 금속으로 만든 두 줄의 단추가 달린 자켓을 입고 왼팔에는 검은 완장을 끼고 있다. 그의 가슴에는 철십자 훈장을 포함하여 세 개의 장식이 달려 있다. 먼 곳을 응시하는 엄격한 눈초리, 얼굴의 음영(조명은 왼쪽에서 수평으로), 옷깃, 작은 기장(記章)이 꽂힌 넥타이는 1938년판을 그대로 복제한 것이다. 그러나 의자의 너무 두드러진 부분은 수정되었다. 이제는 히틀러의 왼팔만이 의자를 짚고 있다. 그는 오른손을 허리에 대고—결단력과 권위를 상징—주먹을 쥐고 있다. 이는 벨라스케즈로부터 프란츠 할스에 이르는 고전적인 초상화에서는 거의 보이지 않던 모습이다. 의자는 약간 '귀족풍'으로 수정되어 장식못은 커지고 간격은 벌어졌으며, 모양이 세련되어졌다. 플랩 포켓이 추가되고 카키색으로 채색된 자켓은 좀더 군인적인 모습을 연출했다. 붉은색의 완장에는 백색 원 속의 만(卍)자형이 보인다. 마지막으로 실루엣을 배경으로부터 제거하여 색다른 느낌을 주면서, 히틀러의 목 주위에 완장의 붉은 색과 같은 후광을 약간 덧붙인다. 새로운 포즈와 회화적 처리를 보면 용병대장이나 총독, 황제의 초상사진이 연상된다. '하나의 민족, 하나의 제국, 한 명의 총통'이라는 슬로건과도 잘 어울린다. 이러한 구성의 또다른 판은 "옳소! (Ja)"라는 사진설명이 붙어 발행되었다. 총통의 얼굴은 1937년 발행된 우표에도 사용되었다. 전쟁중이던 1943년에는 같은 야성적인 얼굴의 사진(4)이 다시 한번 사용되었지만 이번에는 자켓, 손과 의자의 처리방법이 변했고, "아돌프 히틀러는 승리한다!"는 사진설명이 붙어 있다.

1. 촬영연대 불명.
2. 1937년 발행된 독일 우표.
3. 게르하르트 칠이 제작한 포스터, 1943.
4. 제작자 불명.

■ 금지된 사진

하인리히 호프만은 1932년 히틀러에 관한 최초의 사진집 『히틀러의 숨겨진 면모(*Hitler Wie ihn Keiner Kennt*)』를 발간했다. 이 사진집에는 히틀러의 유아시절, 병사시절, 소풍 갈 때의 모습 등등이 실려 있다. 이러한 사진들의 목적은 정치가의 생애를 보여주려는 데 있었다. 1933년 1월 30일, 히틀러는 제국의 수상으로 임명되었다. 1934년 6월 30일, 소위 '긴 칼의 밤' 동안에 그는 에른스트 룀과 다른 돌격대(S.A.) 지도자들의 살해를 사주했다. 그해에 출판된 호프만의 사진집 제2판에서는 한 장의 사진이 삭제되었다. 그것은 히틀러와 룀이 친근하게 대화하는 사진이었다. 괴벨스는 룀이나 돌격대 지도자들과 함께 한 히틀러의 사진을 모두 폐기시켰다. 1933년의 나치당대회를 기록한 레니 리펜스탈의 영화 「신념의 승리(*Sieg des Glaubens*)」조차 히틀러가 뒷날 암살된 사람들과 함께 있는 모습이 들어 있다고 하여 폐기되었다.

히틀러는 뒷날 『히틀러의 숨겨진 면모』를 서점으로부터 회수하고 재판을 찍지 말라고 지시했다. 유아시절의 아돌프, 눈을 부상당한 히틀러 상병, 연대의 병사들 속에서 약간 광대 모습을 한 장면(2), 반바지를 입은 모습(1), 사진가가 잘못 찍은 사진(4)은 세계를 진동시킨 국가원수의 위엄과 양립할 수 없다고 히틀러는 생각한 것 같다.

연설중의 포즈와 제스처를 연구하기 위해 히틀러는 호프만에게 일련의 사진을 촬영하도록 지시했다. 그러나 그러한 사진의 출판을 금지하는 한편 음화원판(3)을 폐기하도록 요청했다. 호프만은 제2차 세계대전이 끝난 뒤인 1950년 이러한 사진들을 발표했다.

1. 1925년.

2. 촬영자 불명. 아마 1918년에 촬영. 『히틀러의
숨겨진 면모』(1932년 또는 1934년).
3. 연대 불명, 아마도 1933년쯤.
4. 『히틀러의 숨겨진 면모』(같은 책).

■ 조약 체결 장면에 나타난 담배 꽁초

1939년 8월 23일. 제3제국의 외무장관 요하임 리벤트로프가 불가침조약에 서명한 뒤 소련 지도자 스탈린과 악수하고 있다. 수족이 자유로워진 히틀러는 불과 수일 뒤 폴란드 침공을 명령함으로써 제2차 세계대전의 제1단계를 촉발시켰다. 조약에 서명한 다음날 호프만으로부터 조약 체결 장면의 사진을 받은 히틀러는 이 사진을 꼼꼼하게 살펴보았다. 그가 특히 확인하고 싶었던 것은 새로운 동맹자 스탈린이 혹시 유태인은 아닌가, 즉 당시 유행하던 소박한 신념이었던 귓볼이 유태인을 닮지 않았는가였다. 이 점을 확인한 뒤 채식주의자로서 흡연에 맹렬히 반대했던 히틀러는 격노했다. 왜냐하면 스탈린이 조약 체결식에서도 계속 담배를 피우고 있었기 때문이다. "조약 체결은 담배를 입에 물고 임해서는 안 되는 엄숙한 행위이다"라고 말하고 히틀러는 호프만에게 이 사진이 언론에 배포되기 전에 스탈린의 담배 꽁초를 지우라고 명령한다. 호프만은 즉시 역사적인 악수 장면 사진의 배경을 수정하여 불쾌한 담배 꽁초를 사라지게 했다.

1. 호프만이 공급한 사진. 『일러스트레이션』 제5035호(1939년 9월 2일).
2. 수정판 『베르린너 일러스트리어테 자이퉁』 제36호(1939년 8월 31일자).

■ 숲속으로 사라진 괴벨스

이 장면은 1937년 하인리히 호프만에 의해 기록되었다.
베를린에 있는 수상관저의 숲속에서 히틀러는 여배우
레니 리펜스탈(뒤에 나치 정권의 어용 영화감독이
되었다) 및 선전장관 괴벨스와 대화를 나누고 있다.

이 사진의 제2판은 전쟁이 끝난 뒤 호프만의 자료 중에서
발표되었다. 여기서는 괴벨스가 숲속으로 사라져
버렸다. 총통은 1932년부터 알고 지낸 레니 리펜스탈과
매우 가까운 관계에 있었다. 전세계의 신문 잡지들은 이
여배우가 아돌프 히틀러의 '흑막(éminence grise)', 심지어는
잠재적인 '약혼녀'라고까지 보도하였다. 그러나 동시에
괴벨스가 리펜스탈의 애인이라는 소문도 유포되었다.
히틀러가 호프만에게 괴벨스를 지우라고 한 이유는 질투
때문이었을까, 아니면 일종의 도덕감정의 폭발
때문이었을까? 아마 영원히 알 수 없을지도 모른다.
더구나 단지 총통의 일시적 기분 때문에 재수정된 이
사진은 당시 한번도 발표된 적이 없다.

1. 왼쪽부터 하인츠 리펜스탈(레니의 남동생), 에베르스버그 박사,
레니 리펜스탈, 히틀러, 요제프 괴벨스, 일제 리펜스탈(레니의 여동생).

■ 영화로부터 역사로

나치 운동의 영웅들 중에서도 호르스트 베셀이야말로 가장 허구에 찬 전설을 가진 사람 중 하나일 것이다. 1907년에 태어나 법대 학생이었던 그는 돌격대(S.A.)에 입대하여 대단히 공격적인 지도자가 되었다(2). 그가 쓴 시 「깃발을 들어라…」는 『공격(Der Angriff)』지에 게재되었고, 비엔나 유행가의 곡을 붙임으로써 유명한 '호르스트 베셀 가곡'이 되었다. 그는 어느 매춘부와 사랑에 빠져 1930년 그녀와 동거했다. 그때 집주인은 그들을 추방하려고 알리 휠러라는 깡패를 보냈는데 휠러는 베셀을 살해하고 말았다(3). 베셀이 병원에서 사경을 헤매고 있을 때 괴벨스는 이 풍기문란한 소인(小人)을 '사회주의의 그리스도'로, 살인범을 공산주의자로 묘사하는 황당무계한 선전작전을 수립한다. 장례는 화려하게 거행되었고, 장의행렬은 '공산주의자들의 공격'으로 처리되었다. 묘지에서는 공산주의자가 돌을 던지는 와중에서 괴벨스가 "호르스트 베셀"하고 외치면 돌격대 대원들은 "부활하라"고 응답했다. 3년 뒤 나뇌스가 권력을 잡은 후 베를린에서는 호르스트 베셀을 예찬하는 영화 「한스 베스트마르(Hans Westmar)」가 상영되었다. 프란츠 벤츨러 감독이 한스 하인즈 에베르스의 원작을 각색하여 실지의 돌격대가 동원된 군중장면을 촬영한 이 허구적인 영화는 나치의 신화를 탄생시키는 데 기여했다. 나치의 어용 역사가들은 이 영화의 장면을 사용하여 권력 투쟁의 에피소드를 해설하였다. 확실히 뉴스 사진보다는 영화에 나온 카메라 앵글과 사진 중심이 훨씬 더 우수하다. 그러한 예의 하나가 영화의 스틸 사진 중 하나인 장례식 장면(1)이다. 그러나 사진설명은 '호르스트 베셀의 장례행렬을 습격하는 공산주의자'로 되어 있다.

1. 영화 『한스 베스티마르』(베를린, 1933)의 스틸. N. 바데가 쓴 『S.A. 베를린을 정복하다』(베를린, 1937)에는 "장의행렬을 공격하는 공산주의자"라는 사진 설명이 붙어 있다.
2. 출처 불명.
3. N. 바데의 같은 책 사진 설명은 "호스트 베셀을 살해한 공산주의자 알리 휠러"라고 되어 있다.

102

Kommuniſten überfallen Horſt Weſſels Leichenzug

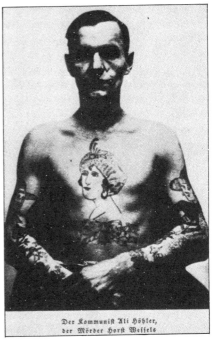

Der Kommuniſt Ali Höhler,
der Mörder Horſt Weſſels

■독일인의 눈에 비친 처칠

1941년 제작된 나치의 선전포스터에는 중절모자를 쓰고, 나비넥타이를 매고, 검은 세로 줄무늬의 양복을 입고, 입에 두터운 시거를 물고 손에 경기관총을 든 처칠의 모습이 보인다. 벽 뒤에 서 있는 처칠의 모습을 담은 이 포스터에는 간단히 '저격병(Heckenschützen)'이라고만 적혀 있다. 상황 설정이 좀 이상하지만 그럼에도 불구하고 이것은 틀림없는 사진이다. 이 사진의 제작자는 갱의 몸에 처칠을 붙일 필요없이 군사기지 시찰중에 경기관총을 들고 있는 영국 수상의 뉴스 사진을 활용하였다. 그는 처칠의 실루엣을 오려내고 그의 머리를 약간 경사지게 기울여 사악한 인상을 강화시킨 뒤 새로운, 매우 단순한 무대 즉 벽을 상징하는 흑색의 면에 배치했다. 이같이 재수정되고 덧칠된 사진의 또다른 판이 리플렛 형태로 제작되어 독일 비행기에 의해 영국에 살포되었다. 하지만 이러한 몽타주 사진에는 매우 특징적인 성격이 있다. 아무리 순진한 사람이라도 이 포스터를 보고 영국 수상이 게릴러에 가담해 총을 들었다고 믿지는 않았다. 이 경우 원래의 상황이 실재한다고 해도 포스터의 장면은 믿을 수 없는 것이었다. 그리고 포스터를 본 사람들이 모두 그같이 이해했다 할지라도, 포스터가 전하려 했던 메시지 즉 처칠은 교활하고 표리부동하며 위험한 적이라는 메시지(히틀러는 처칠에 대해 "신사도 아니다"고 언급한 바 있다)는 즉시 인식될 수 있었다. 재미있는 것은 이 원래의 사진을 영국 언론은 정반대의 의미를 담은 선전사진(수상은 전쟁 수행을 위한 모든 노력에 관심을 기울이고 있다)으로 사용했다는 점이다.

1. 북동 해안을 시찰중인 처칠, 1940년 7월.
2. 독일 포스터, 1941.

Heckenschützen

■ 점령하의 거리 풍경

1944년 6월 프랑스의 뉴스 영화 중에는(그 일부는 일련의 보도사진으로 복제되었다) 독일군 병사에 둘러싸여 파리의 거리를 걸어가는 영미군 포로 대열이 있다. 일단의 성난 구경꾼들이 죄수들을 밀어제치고 모욕하며 침을 뱉는 장면이다. 죄수 호송을 담당한 나치 장교가 직접 개입하여 병사들이 흥분이 극에 달한 프랑스인들을 제지하기 위해 개머리판을 쓰는 광경이다. 이 필름은 노르만디 상륙작전과 영미군의 폭격 후 추진된 포스터·소문·허위보고 등의 선전작전을 지원하기 위한 것이다. 오늘날에도 원래의 형태로 상영되는 이 장면은—더구나 역사 다큐멘터리물에서 합성된 필름에 대한 아무런 비판적 해설없이 사용되는 경우가 흔하다—수십 년이 지난 지금도 강한 불쾌감을 불러일으킨다. 수많은 증언들(그중에서도 에른스트 융게르의 1944년 7월 2일자 일기와 잔 구에노의 7월 5일자 일기)이 이 장면을 선전국이 연출했다는 것을 밝혀 주지 않았다면 사람들은 진실이라고 믿었을지도 모른다. 독일군은 불량배들을 고용하여 파리의 군중 역을 시키고 민간인 복장을 한 독일군 장교들이 그들을 감시했으며, 심지어 연출자들은 그들에게 서류가방을 주어 우연히 그곳을 지나던 것처럼 연출했다. 사진가와 영화 촬영기사들도 '우연히' 그곳에 있었던 것처럼 보이도록 했다. 융게르는 이같이 쓰고 있다. "그럼에도 불구하고 프러시아인들 자신이 항상 반대해 온 그런 일을 하게 된 것을 보면 정말 놀라운 일이다."

1944년 6월 29일 찍은 사진. 촬영자는 불명. 프랑스의 인쇄물에서는 보이지 않으나 독일의 인쇄물에서는 여러번 나타난다.

■ '총통이 유태인에게 도시를 제공하다'

1944년 제3제국의 선전국은 강제수용소에 관해 유포되고 있는 정보에 대항하고 국제적십자사에 영향을 미치기 위해 영화를 제작하기로 결정했다. 친위대(SS) 감독하에 있는 젊은 유태인들이 준비한 이 영화는 모든 장면이 체코슬로바키아의 테레진 수용소(독일인들은 '테레진슈타트'라고 불렀다)에서 촬영되었다. 감독 책임은 매우 유명한 독일 배우 쿠르트 게론이 맡았다. 그는 네덜란드에서 게슈타포에 의해 체포되어 당시 테레진에 수용되어 있었다. 1944년 8월 16일부터 9월 11일까지 계속된 이 영화의 촬영에는 수백 명의 배우, 무대장식 담당자, 음악담당자와 수천 명의 엑스트라가 동원되었다(당시 테레진에는 6만 명이 수감되어 있었다). 게론은 본격적으로 시나리오를 쓰고 영화를 촬영했다. 체코의 카메라맨과 기술자들이 이를 지원했으며, 막대한 예산이 동원되었다. 카페에서 촬영된 장면이 참호전 장면에 분리 삽입되는 기법이 이 영화에 도입되었다. 뒤에 독일인이 덧붙인 나레이션은 다음과 같다. "유태인이 테레진슈타트에서 커피를 마시며 춤을 추고 있는 동안 우리의 병사들은 조국을 방위하기 위해 가공할 전쟁의 부담을 전적으로 지고 고통과 결핍을 참고 있다." 이 영화에서 죄수들은 축구를 즐기고 정원을 가꾸며, 곡물을 수확하고 목욕하며, 도서관에서 공부하고, 우체국에서 소포를 찾는다. 남자는 넓고 조명이 잘된 작업장에서 편안하게 일하고, 여성은 꽃이 가득 찬 방에서 아이들을 돌본다. 또한 '회관'에서 '원로평의회'가 개최되고, 아동용 오페라와 카렐 안첼(아우슈비츠에서 도망친 그는 뒷날 체코 필하모니 교향악단의 지휘자가 된다)이 지휘하는 교향악 연주회가 열린다. 이 영화에는 유태인들이 의류점에서 옷을 고르고 긴 의자에서 체스와 독서를 즐기며 인근의 하천에 설치된 풀에서 수영하는 모습도 나온다. 아이들이 정원에서 노는 동안 보모는 그들이 먹을 빵을 자른다. 아름답게 장식된 합숙소에서 소녀들이 거울을 보고 머리를 빗으며 담소하는 장면도 있다. 도서관에서는 두 명의 교수가 토론하고, 은행에서는 고객이 통장으로 예금을 인출하며, 지점장의 비서가 우편물을 인도하고 서명을 요청하는 장면도 있다. 유능한 소방수가 방금 발생한 화재를 진화한다. 죄수들이 일과를 마치고 카바레에 와서 음악을 듣고 찰리 채플린의 영화·마술·스페인 춤을 보거나 '서푼짜리 오페라'의 코러스에 합세하는 장면도 있다.

카바레·회관·꽃으로 가득찬 방·작업장·우체국·은행·도서관은 1944년 여름 강제수용소의 죄수들이 만든 무대장치에 불과하다. 이 무대장치의 일부는

영화 스틸 사진

영화촬영뿐만 아니라 적십자사의 방문에 대비하기 위해서도 고안된 것이다. 소포는 인도되자마자 즉시 회수되었다. 가짜 소방수가 일부러 지른 불을 진화한다. 체코의 다이빙 챔피언이 친위대 전용 풀장에서 시범을 보인다. 유태인 죄수 중에는 금발의 여인도 많았기 때문에 이러한 사람들은 촬영에서 제외됨으로써 수용소의 영화에는 검은 머리의 여자들만 등장한다. 촬영이 끝나자마자 영화에 모습을 나타낸 사람들은 모조리 11개의 집단으로 분류되어 아우슈비츠로 이송되었다. 쿠르트 게론도 가스실에서 죽었지만 그는 죽기 직전 그의 친구에게 갖고 있던 서류, 촬영 메모, 수용소 당국과 배우 사이의 편지 등을 넘겨 주었다. 영화에 등장했던 유태인 저명인사들—작곡가 하아스, 폰 하니쉬 장군, 전(前) 체코·독일·프랑스의 장관들, 대학교수, 배우, 극장 지배인 등—은 모두 아우슈비츠에 이송되어 대부분이 가스실에서 죽었다. 영화에 등장했던 1천6백 명의 어린이는 마지막 그룹에 속하지만 모두 처형되었다.

1945년 국제적십자사의 대표들이 테레진을 다시 방문했을 때 친위대는 게론의 영화를 그들에게 보여주었다. 그것은 본래의 영화를 베를린에서 편집하여 음성 해설을 덧붙인 것이었다. 이 영화의 제목은 「테레진은 아름다워라」이고, 부제는 '총통이 유태인에게 도시를 제공하다'이다. 전쟁 종결 직전에는 독일의 뉴스 영화에 이 영화의 단편이 상영되었다. 현재까지 발견된 것은 25분 분량밖에 안 된다. 그러나 게론의 대본과 촬영기록 문서는 독일 연방공화국 문서보관소에 보존되어 있다.

스탈린 우상 숭배

『프라우다(러시아어로 '진리'라는 뜻)』1929년 12월 21일자는, 그루지아 출신의 볼셰비키인 요시프 비짜리오비치 주가시빌리의 50회 탄생일을 축하하는 기사를 실었다. 그는 일찍부터 스탈린('강철 같은 사나이')이라는 전시 명칭을 즐겨 사용하고, 7년 전에 공산당 서기장, 즉 사실상의 소련 국가원수로 선출된 사람이다. 수많은 대형 표제와 거대한 초상사진은 다른 누구와도 비교할 수 없을 정도였으며, 열광적인 찬사가 여러 단에 걸쳐 씌어 있었다. 바로 그때부터 이미 전국민적인 복종과 감탄이라는 현상이 나타나고 있었던 것인데, 그후 수년간 일어난 사건들과 비교해 보면 그 정도는 아직 약소한 것이었다고 할 수 있다.

최상급의 표현, 과장된 칭찬, 끝없이 반복되는 슬로건, 이미 만들어진 표현 등으로 이루어진 색다른 언어체계가 형성되었다. 그것은 신에 대한 숭배와 집단적인 기도(祈禱)가 넘쳐 흐르는 모습을 떠올리게 하는 것이었으며, 그때까지 어떤 경험과도 완전히 동떨어진 것이었다. 여러 종의 소책자와 서적들이 쇄를 거듭하여 50만 부에 달하였고, 열광하고 아첨하는 무리가 수백만에 달했다.

이렇게 하여, '인민의 아버지'의 생애는 하나부터 열까지 조작되었다. 우화를 믿게 하기 위해 없어서는 안 되는 온갖 거짓 역사 문서가 필요에 따라 만들어졌다. 여러 종의 사진이 변조되어 대량 복제되었다. 관청은 물론 소박하기 이를 데 없는 작은 집에까지 독재자의 얼굴이 여기저기 내걸렸다. 이 새로운 우상에 대한 노예적 복종에 가까운 존경과 멜로 드라마 같은 숭배는 머지않아 그 괴상함의 절정에 달하여, 나중에는 스탈린의 사진이 실린 신문지를 무심코 찢어 버렸다는 이유만으로 몇 명의 러시아 사람들이 교정 노동수용소로 끌려가 5년형을 선고받았다. 역사 서적에 실려 나돈 사진들은 모두 다 수정된 것이라고 해도 과언이 아니다. 스탈린 치하에서 선전사진은 완전히 산업이 되었던 것이다. 또한 대공사나 산업면에서의 위업 달성을 과시하는 사진의 이면에는 일찍이 어떠한 문명도 지어낸 적이 없는, 최대의 강제 노동수용소가 숨겨져 있었던 것이다.

■ 그림으로 더듬어 본 생애

1930년대초, 훗날 '개인숭배'라고 불리게 되는 사태가
뿌리내릴 무렵, 스탈린의 과거를 아는 사람은 거의
없었다. 독재자와 가까운 사람으로서 그의 혁명가로서의
모험과 사생활에 대해 증언할 수 있을 만한 사람들은
이미 재난당해 죽고 말았던 것이다. 그의 처인
아릴레바(32년에 자살), '가장 사랑하는 동생'이라
불리웠던 키로프(34년에 의문의 암살), 1900년 이래의
친구인 에누 기제(37년에 처형), 그루지아 출신의
죽마고우 무지비아니(37년에 처형), 아마도 가장 친한
친구였을 오르조니키제(37년에 처형 혹은 자살)처럼.
젊은 시절의 모습을 보여주는 '가족 앨범'조차 없었다면,
러시아의 삽화가들은 참고할 만한 단 한 장의 사진도
구하지 못했을 것이다. 그들은 이미 알려진 두세 장의
사진(신학교 입학 당시의 것, 경찰의 조사 카드에 붙은
것)을 기초로 삼아 여러 연령의 스탈린 초상을
만들어냈다. 이 초상사진들은, 가능한 한 능숙한 솜씨로
실물과 유사하게 그려서 표면 처리한 것이거나, 실제
사진으로부터 합성한 것들이다. 이 초상들은 한없이
늘어나, 몇몇 부분만 다른 변형이 무수히 많다. 소박한
민중화 양식인 것도 있고, 아주 강렬한 색채로 진하게
단장된 것들도 꽤 있다.

1. 고리의 신학교 입학 당시의 스탈린, 1894년. 『그림으로 보는
스탈린』(파리, 1950).
  2. 1905년의 스탈린. 앞의 책.
  3. 1910년의 스탈린(제정경찰의 조사카드에 의거한 '사진', 1920년
이후에 발표). 앞의 책.
  4. 1924년, 제13회 당대회에 참석한 스탈린. 앞의 책.
  5. 1934년 2월의 스탈린(고쳐 그린 초상, 단체사진의 일부). 앞의 책.
  6. 스탈린 사망 당시의 잡지 표지(『오고뇨크』 1953년 3월 15일).

■ 레닌의 후계자

1924년까지만 해도 스탈린은 볼셰비키가 집단 외에서는
전혀 알려지지 않은 상태였다. 레닌은 죽기에 앞서
스탈린의 권위주의적 경향과 난폭한 성질을 경계해야
한다고 측근들에게 촉구했다. 그러나 스탈린이 세력을
키워 트로츠키를 밀어내고 마침내 절대지배자로
군림하게 되면서부터 수많은 논설, 소책자 심지어
위조된 자료까지 만들어지게 되었다. 그리고 스탈린의
생애는 조금씩 고쳐서 묘사되었다. 그를 위해 역사적
명언이나 결정적 투쟁이 이것저것 고안되었다. 그가
레닌의 측근으로서 협력하고 조언한 주요인물이었던
것처럼 꾸몄다.

그러나 이것을 증명하기에는, 이 두 사람을 한꺼번에 볼
수 있는 서너 장의 사진이라든가 고르키에서 찍은, 두
사람이 나란히 있는 사진 두 장만으로는 분명히
부족하였다. 그리하여 여러 종의 사진을 날조하였다.
약간의 차이는 있을지라도 매우 공들여 만든
것들이었다('레닌을 방문한 스탈린' 항 참조). 단순한
합성사진을 만들어낸 경우도 많았다. 즉 두 사람이
얼굴을 합하고 있는 것처럼 보이게 한다든가, 새
독재자의 혁명적 정통성을 근본으로부터 명시한다든가
하는 것들이다. 1948년 『소전(小傳)』의 초고에는 다음과
같은 어구가 집어 넣어져 있다.―"스탈린은 오늘의
레닌이다." 니키타 흐루시초프의 유명한 비밀보고를
통해 알려진 바에 의하면, 스탈린은 이 어구를 스스로
다음과 같이 고쳤다.―"스탈린은 레닌의 사업을
이어나갈 더할나위없는 후계자이시며, 우리 당내에서
일컬어지는 바와같이, 스탈린은 오늘의 레닌이시다."

1. 타스 통신이 1930년대 말기에 보급한 몽타주 사진.
2. 『건설해 나아가는 소련』 제6호(1934년 6월).

■ 몽타주 사진과 개인숭배

소비에트 연방에서는 1920년에서 30년 사이에 몽타주 사진이 유례없이 비약 발전했다.

로드첸코·리시츠키·크루치스 등의 예술가들이 새로운 레이아웃과 사진표현 기법을 고안해냈던 것이다. 독일에도 비슷한 예술적 조류가 있었는데, 그들은 그 조류와도 접촉을 갖고 있었다. 그들이 제작한 포스터·책 표지·삽화는 특징있는 양식을 만들어냈으며, 유럽 바깥의 여러 예술적 조류에도 커다란 영향을 끼쳤다. 마야고프스키와 리시츠키가 몇 권의 시집을 위해 행한 협력이라든가 로드첸코가 잡지 『레프(좌익예술전선)』를 무대로 하여 행한 (미래파다운)기법은 후세에 이르기까지 유명하다.

그러나 소련에서 20년대의 예술적 폭발은 곧 가라앉아 버렸다. 28년에는 '포멀리즘(formalism, 형식주의)(즉, 사실상의 반(反)마르크스주의)'으로 낙인찍혔으며, '구조주의자'는 침묵해야만 했다. 그 얼마후 『건설해 나아가는 소련』 등의 선전잡지에 그들의 이름이 다시 등장하게 되었다. 리시츠키와 로드첸코는 몽타주 사진에 재능을 쏟아부었는데, 덕분에 몽타주 사진이 점차 아카데믹해졌고, 스탈린의 초상이 마침내 석권하기에 이르렀다. '환영'에서는 모순된 원근법을 대담하게 사용하여, 공적이고 시대에 뒤떨어진 측면은 상쇄되어 나와 있지 않다. 체류스킨 호의 극지 탐험대원들이 난파당해 행방불명되었을 적에 그들을 찾아내기 위해 스탈린이 '몸소' 마음을 썼다. 그들이 비행을 마치고 함께 되돌아왔을 때 스탈린은 성대한 의식을 베풀어 환영했다. 산업면에서의 승리가 성취될 때마다, 그것은 스탈린의 선견지명 덕분인 양 취급되었다. 그러므로 드네프로스트로이 댐의 발전 개시와 지도자의 흐뭇한 표정을 관련짓는 것은 논리적으로 딱 들어맞는다. 레닌은 1920년에 이렇게 말하지 않았던가—"공산주의란 소비에트 정권 플러스 전국토의 전기화(電氣火)이다."

1. 체류스킨 호 탐험대를 환영함. 엘 리시츠키가 만든 몽타주 사진.
『건설해 나아가는 소련』 제10호(1934년 10월).
2. 은혜로 하다, 『건설해 나아가는 소련』(1932년 11월).
엘 리시츠키가 만든 몽타주 사진.

■ 『프라우다』지에 나타난 소녀

독재자라면 누구든지 아이들에게 에워싸여 있는 사진을 찍고 싶어한다. 그런 까닭에 꽃으로 장식된 연단이나 축하행사가 열리고 있는 콜호즈의 한복판에서, 스탈린이 남자 아이나 여자 아이들과 함께 웃으며 놀고 있는 모양을 무수히 볼 수 있다. 그런데, 이런 평범한 선전사진의 이면에 무서운 이야기가 숨겨져 있는 경우가 있다. 예를 들면, 1976년에 모스크바에서 '지하 출판'된 어느 잡지는 아래와 같은 설명으로 그 이면의 진상에 대해 증언하고 있다.

"스탈린이 까만 눈에 세라복을 입은 여자 아이를 팔에 안고 있다. 30년대를 겪은 사람이라면 누구나 이 사진을 기억할 것이다. 그러나 이 소녀는 누구이며 그의 운명은 어떠했는가? 이것을 아는 이는 거의 없다.
이 소녀의 이름은 게랴 마르기조바로서 브라트 몽골 자치 소비에트 사회주의 공화국 농업인민위원인 아르단 앙가지코비치 마르기조프의 딸이다."

이 사진은 1936년 1월 27일에 찍은 것으로서 '브라트 몽골 자치 공화국 노동자를 위해 당 및 정부의 지도자가 크렘린에서 개최한 연회' 석상의 한 장면이다. 연회에는 이 공화국 대표 67명이 출석했으며, 그 선두에는 이 지방위원회 서기인 M. N. 엘바노프, 브라트 몽골 인민위원 평의회 의장인 D. D. 도르지에프, 동 공화국 중앙집행위원장 I. D. 단피로프가 있었다. 게랴의 아버지도 그들 사이에 있었으며, 그날 '적기 노동' 훈장을 받았다.

이 성대한 연회 도중, 여섯 살 난 어린 게랴가 스탈린에게 다가가서 꽃다발을 건넸다. 스탈린은 그 아이를 팔에 안았다. 바로 이 순간이 필름에 담겼던 것이다. 이 사진은 천문학적인 숫자에 이를 만큼 엄청나게 복제되었고, 이 사진을 본보기로 하여 무수히 많은 그림이 그려졌다. 얼마후에는 그 그림들 자체가 아동용 시설—소학교·유치원·탁아소—들에 거의 필수불가결한 비품이 되었다. 이 사진은 '스탈린의 미소에 의해 새로워지는' 소비에트 어린이들의 유년시절을 나타내는 공식적인 상징이 되었다. 스탈린은 게랴를 팔에 안고 물어보았다.—"선물로 무엇을 갖고 싶으냐? 손목시계냐? 아니면 축음기냐?"(그것은 표준적인 상품이었다. 이 모임의 기록에 따르면, 대표 모두가 선물을 받았다. 손목시계나 혹은 몇 장의 음반이 포함된 축음기를) "두 개 다요. 손목시계도, 그리고 축음기도요"라고 게랴가 대답했다. 스탈린이 웃자 참석자들도 웃었다.

Товарищ **Сталин** с шестилетней **Гелей Маркизовой**, преподнесшей ему букет цветов — подарок делегации Бурят-Монгольской Автономной Советской Социалистической Республики. Справа на

다음날, 게랴는 레코드 한 장이 포함된 축음기와 금시계를 받았다. 그
물건들에는 이렇게 새겨져 있었다.—'게랴 마르기조바에게. 당지도자
I. V. 스탈린으로부터.' 우랑우데로 돌아온 지 얼마 되지 않아서 게랴의
아버지는 체포되었다. 엘바노프, 루지에프, 기타 브라트 몽골 공화국 지도자들
역시 같은 일을 겪었다. 그들은 인민의 적으로 몰려 총살당했다. 그후, 게랴의
어머니도 체포당했다. 그녀는 수용소에서 나오자 트루기스탄에 유배당했고,
자살했다. 게랴와 그 동생은 고아가 되었다. 그리고 세라복의
소녀는—소비에트 어린이들의 행복한 유년시절의 상징은—그의 이름에
덧붙여서 '당지도자 I. V. 스탈린으로부터'라고 새겨진 물건을 일생 동안
지니고 있었다.

■ 단체사진을 잘라서 줄이다

1925년 4월. 레닌 이후의 지도자 몇 사람. 왼쪽으로부터
오른쪽으로—부군사인민위원 미하일 라쉐비치,
트로츠키 후임으로 붉은 군대 사령관이 된 미하일
프룬제, 농업인민위원 A. P. 스미르노프, 인민의회 의장
알렉세이 루이코프, 다음이 프룬제 후임인 클리멘트
오로시로프, 스탈린, 우크라이나 지도자
N. 스츠리프니크, 적군 정치국장 안드레이 부브노프,
그루지아 출신으로서 스탈린의 친구인 그리고리
오르조니키제. 14년 후인 1939년에 같은 사진이 다시
한번 발표되었다. 스탈린과 나란히 있는 사람들은 이제
프룬제, 오로시로프, 오르조니키제뿐이다. 그 사이
라쉐비치는 자살(1928년), 스미르노프는 행방불명,
루이코프는 총살(1938년), 부브노프는 처형(1938년)되는
사태가 벌어졌던 것이다.

그렇다고 해서 이 사진에 남아 있는 사람들이 당시 모두
살아 있었다고 결론내려서는 안 된다. 프룬제는
1925년에 수술을 받고 난 후 대단히 의문스럽게
죽어갔으며, 오르조니키제는 1937년에 처형당했던(혹은
자살이라고 추측됨) 것이다!

1. 1925년 4월이라는 날짜가 적힌 사진. 출처 불명.
2. 『스탈린 앨범』(모스크바, 1939).

■ 실물보다 더 진짜처럼

스탈린을 선전하는 호칭들은 점점 더 널리
울려퍼졌다.—'우리의 등대', '인류의 태양', '세계에
'시월'의 영광으로 빛나는 뱃길 안내인', '인민의
아버지', '당의 빛나는 다이아몬드' 등등. 이처럼 대단한
인물의 용모를 대량으로 복제하는 데는
사진·회화·채색사진만으로는 필시 부족하였던
모양이다. 30년대 말기부터 스탈린은 영화에 자주
등장했다. 소련에서 영화 제작은 전체적으로 매우
뒤떨어져 있었음에도 불구하고 강력한 신화 이야기를
담은 영화들은 실로 많이 상영되었다. 그 신화 체계는
역사상 유례없는 것으로서 아직도 불완전하게밖에
분석되지 않았다.

하여튼 영화는 역사상의 두 시대를 다시 평가하였으며,
수정하였다. 첫번째 시기는 '10월혁명'기이다. 이
시기에 스탈린은 사실상 이류 정도의 역할을 해냈을
뿐이었다. 그러나 「10월의 레닌」(미하일 롬 감독,
1937년), 「비보르그 지구」(그리고리 코징체프 및
레오니드 드라우베르그 감독, 1938년),
「총잡이」(세르게이 유트케비치 감독, 1938년),
「1918년의 레닌」(M. 롬 감독, 1939년), 「야콥
스베르들로프」(S. 유트케비치 감독, 1940년), 「잊지 못할
1919년」(미하일 차우렐리 감독, 1951년) 등에 나타나고
있는 스탈린은, 전지(全智)하고, 항상 레닌 곁에
머물면서 그에게 효과적인 조언을 할 뿐 아니라 혁명의
모든 국면에 참여하며, 레닌이 지하로 잠적한 때조차도
자신의 몸을 드러내 놓고 행동하는 인물이다. 「1918년의
레닌」의 원판은 133분짜리 작품인데, 스탈린으로 분한
인물의 모습이 40분 가까이나 나온다.

두번째 시기는 제2차 세계대전기이다. 사실 전쟁중에
스탈린은 전략상 결함을 노출한 편이었다. 그러나

1·3. 「맹세」(미하일 차우렐리 감독, 1946년).

「결정적 전기」(프리드리히 에르무렐 감독, 1945년),
「맹세」(M. 차우렐리 감독, 1946년), 「제3의 타격」(이골
사후첸코 감독, 1948년), 「스탈린그라드의
전투」(블라디미르 페트로프 감독, 1949·50년), 「베를린
함락」(M. 차우렐리 감독, 1949년)이 보여주고 있는 것은
천재적 직관을 지닌 주인공으로서, 집무실에 틀어박혀
파이프 담배를 두 모금 피우는 동안 연달아 결전 계획을
작성하는, 군사 지도자 스탈린의 모습이다.
『소전(小傳)』(1948년)은 스탈린에 대해 "모든 시대를
통틀어 최대의 전략가"라고 칭송하고 있다. 그러나
흐루시초프가 명확히 밝힌 대로 『소전』의 몇 군데는
스탈린 자신이 몸소 가필하였는데, 다음과 같은 문장이
그 예이다.─"스탈린이라는 천재는, …상황의 특성을
완전히 고려하고서 바른 해결을 도모하는 사람이었다."

이 영화들 거의 전부에서, 단 한 사람의 배우가 20년에
걸쳐 스탈린 역을 맡았다. 미하일 게로바니다. 그는 진짜
스탈린과 동향으로, 그루지아 출신이었다. 그는 영예 그
자체였으며, 그의 연기에는 시종일관 상당히 위엄있는
긴장감이 맴돌고 있었다. 나중에 본인이 밝힌 바에
따르면, 그는 자기 자신이 "화강암으로 만든 기념비"가
된 듯한 느낌을 받았다고 한다. 「맹세」에 나오는
장면(스탈린이 일찍이 레닌을 방문하는 장면, 눈이 내려
쌓이는 뜨락에서 심사숙고하여 레닌의 목소리를 듣는
장면, 트랙터 고장에 대해 진단하는 장면)이나 「베를린
함락」에 나오는 장면(장미색과 카키색 옷을 입은
스탈린이 파스텔 색조의 관엽식물들에 정을 듬뿍 담아
물 주고 있는 모습, 한창때인 소녀가 마음속 깊은 곳에서
자발적으로 우러나오는 목소리로 "우리들을 행복한
생활에 눈뜨게 해주신 스탈린 만세!"를 외치는 장면)은
전세계의 저속 작품 명장면집(名場面集)에 수록할 만한
값어치가 있을 것이다.

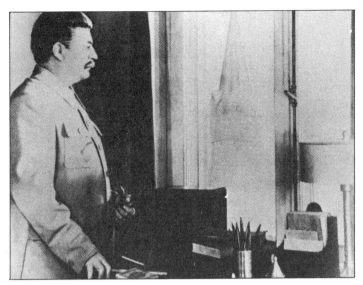

2. 「베를린 함락」(미하일 차우렐리 감독, 1949년).
4. 「스탈린그라드의 전투」(블라디미르 페트로프 감독, 1949·50년).

■ 사진의 숨은 그늘, 수용소군도

1920년대 중엽 이래, 소련에서는 대공사에 관한 수많은
시사시들이 잡지나 수많은 서적·소책자·
사진집·그림엽서집·포스터 등을 통해
끊임없이 발표되었다. 거대한 운하·금속 콤비나트·화학
콤비나트·철도·파이프 라인·금광·은광·신도시 등이
기록적인 단시일 안에 건설되기도 하였다. '소비에트
국가'를 실현해 가는 대규모적인 사업들을 선전하고
과시하기 위해 여러 명의 시인과 사진기자가
동원되었다.

그러나 사실, 이 대공사들은 대부분 강제노동에 의해
이뤄진 것이었다. 러시아에서는 일찍이 1919년에
강제노동이 제도화되었는데, 처음에는 '계급의 적'이,
다음으로는 점차 그 범위가 늘어나 수많은 일반
주민집단이 유형지로 보내졌다. 이 메카니즘이 끊임없이
증폭되어 1937년부터 50년에 이르는 스탈린 통치하에서
그 절정에 달하였다. 공무원을 대거 동원하고,
화물차·트럭·선박을 징발하며, 수백 개의 수용소·감옥을
사람들로 가득 메우고, 수천 킬로미터에 달하는 광대한
유형자 거류지를 만들어냄으로써, 소련의 강제노동은
역사상 그 유례를 찾아볼 수 없을 정도의 규모가 되었다.

시베리아의 쿠츠네츠크 콤비나트 건설 모습을 전하는
그림이 잡지 『건설해 나아가는 소련』에 서사시적인 설명과
함께 실렸다. 이 콤비나트는 대부분 유형자들의
강제노동에 의해 건설된 것이었다. 그들은 건강에 몹시
해로운 이탄지대에서, 더욱이 겨울이면 꽁꽁 얼어붙은
이토 사이에서 밤낮없이 일해야만 했다. "날마다
신기록을 세운 작업반의 이름이 오케스트라와 함께 소리
높이 울려퍼졌다. 확성기가 5만여 명의 노동자들에게
승리자들의 이름을 전했다. 노동은 영예와 영광에
관련된 문제가 되었다."(1·2) 잡지기자는 위와 같이

1·2. 시베리아의 쿠즈네츠크 공사현장에 관한 르포타주. 『건설해 나아가는 소련』 제4호(1932년 4월), 첫번째 사진의 설명문—"발전소 공산주의자의 토요일".

표현하고 있다. 그 결과, 수천 명의 이름없는 사람들이
임무를 다하던 도중 죽었다는 등의 내용을 담은 기사
수십 편이, 야심적인 대규모 공사의 실현을 과시하는
어조로 발표되었다. 공사 가운데는 어처구니 없고
쓸모도 없으며 기술적으로도 불가능한 것들이 있었는데,
해낼 힘도 없이 손을 댔다가 그 대가로 수많은 목숨만
빼앗기고 만 경우도 있다.

백해(白海)운하(1932년)라든가 코트라스에서
보르쿠타간 철도 공사의 경우가 그 예이다. 모든
선전문구와 선전용 사진은 공사현장이 열의에 가득 차
있으며, 개척정신으로 무장하여 공산주의 건설을
추진하고 있는 양 소개하고 있다. 그러나 때때로 이
작업장 사진들에서 소총을 맨 위병의 작은 실루엣이나
감시탑 등을 발견하게 되는 경우가 있다.

1919년부터 60년까지, 3세대에 걸쳐 수천만의
러시아인이 노동수용소를 거쳐갔다. 돌아가지 못한
경우도 매우 많다. 인구학자들의 계산방법이
제각각이므로 그 숫자가 완전히 일치하지는 않는다.
그러나 가장 적게 보는 인구학자의 견해에 따른다 해도
'스탈린주의'에 의해—전사자는 제외하고—희생된
소련인은 죽은 자만 1,700만 명에 달한다. 또 가장 많이
보는 인구학자에 따르면, 죽은 자만 6,000만 명에
이른다고 한다.

3. 니지니노브고로드의 자동차 공장 기초공사. 『건설해 나아가는 소련』 제1호(1933년 1월).

■ 카틴의 표지판

1939년. 폴란드군은 당시 동맹관계에 있던 소련군과 독일군의 협공에 밀려 항복했다. 20여만 명의 병사가 소련군의 포로가 되어 시베리아 각지의 수용소로 보내졌다. 1만 5천 명의 장교 및 하사관들은 다른 어느 수용소로 보내졌는데, 그후 완전히 행방불명되었다. 2년 후 히틀러는 동맹자였던 스탈린에 맞서 소비에트 연방을 공격했다. 그리하여 소비에트 정부는 런던에 망명중이던 폴란드 정부와 동맹을 맺게 되었다. 폴란드 대표가 자기 나라 장교의 석방을 요구했지만 아무런 정보도 얻을 수 없었다.

1943년 초두, 스몰렌스크 지방에 쳐들어간 독일 장병은 카틴 숲에 공동묘지가 있다는 사실을 알아냈다. 폴란드 장교 수천 명의 주검이 발굴되었다. 모두들 양손을 뒤로 하여 가는 삼노끈으로 꽁꽁 묶인 상태였으며, 목덜미에는 총탄이 박혀 있었다. 전쟁중이고, 전시의 잔혹 행위가 이 외에 많았음에도 불구하고 이 사건은 큰 반향을 불러일으켰다. 괴벨스는 이 사건에 뛰어들어, 러시아인의 만행을 비난하는 선전을 맹렬히 전개한다. 소비에트측은 그것이 나치스의 범행이라고 몰아세웠다. 1943년, 국제조사단이 현지조사에 나섰다. 학살 시기는 40년대초인 것으로 밝혀졌는데, 그 지방이 아직 러시아군 지배하에 있던 시기다. 4,143명의 폴란드 장교가 사살되어 카틴 숲속 7개의 무덤에 묻혀 있었다. 그 중 3천 명 가량은 지니고 있던 서류 덕분에 신분을 확인할 수 있었다. 소련이 스몰렌스크 지방을 탈환한 무렵, 모스크바에서 또다른 조사위원회가 임명되었다. 이 위원회는 매장된 주검이 1만 1천 구이며(의도적으로 과장한 숫자이다), 사망 시기는 1941년 가을(그 지방이 독일군에게 점령당했을 때)이라고 발표했다. 그러나 뉘른베르그 법정은, 카틴 학살사건을 독일측의 소추사항으로 다루지 않았다. 전후, 약간의 증언에 의해 국제위원회의 조사가 보강되었는데, 그 결과에 의하면 4,143명의 폴란드 장교는 NKVD(내무인민위원부)의 기관원에 의해 한 명씩 사살당했다고 한다. NKVD는 소련 정치경찰로서 베리아의 명령을 직접 받는 집단이다. 결국, 이 학살은 제2차 세계대전이 진전되지 않았더라면 발견되지 않았을 것이다. 이 외에도 1만여 장교의 주검을 묻어 놓은 무덤이 있기는 하겠지만 그 장소는 여전히 밝혀지지 않은 채로 남아 있다. 몇몇 증언에 따르면, 그들 가운데 6천 명은 발트해에서 익사했다고 한다.

카틴 학살은 폴란드 국민의 역사와 기억 속에 심리적 상처로 깊숙이 박혀 있다.

1. 보리스와프 보이치츠키의 저작 『카틴의 진상』 (바르샤바, 1952)에서 전재. 이 지대는 외국인은 물론 소련인에 대해서조차 출입이 금지되어 있으므로, 이 표지판이 지금도 존재하는지의 여부는 우리도 알 수가 없다.
   2. 국제조사위원회, 『소련 기록문서를 통해 본 카틴의 범죄』 (런던, 1948)에 발표된 것.

그럼에도 불구하고 폴란드에서는 이 사건을 상기하는 것이 절대금지되어 있다(이것을 상기시키는 일이 '연대' 자유노동조합이 첨예하게 행한 정치행위 중 하나다). 소련을 비롯하여 동구 여러 나라에서 간행되는 서적들은 항상 이 사건이 나치스의 소행이라고 몰아부치고 있다. 소련측의 주장을 뒷받침하기 위해서, 매우 상세한 '자료에 의거한' 서적이, 특히 폴란드 국민을 향해 몇 번씩 반복하여 발행되었다. 위조 문서(NKVD는 1941년까지는 폴란드 장교들이 살아 있었다는 것을 입증하는 자료로서 사체 이곳저곳에 편지나 서류들을 끼워 넣었다. 소련 조사위원회가 현장조사를 나와 발견한 것으로 꾸미려는 의도에서였다), 거짓 증언, 도무지 믿을 수 없는 설명이 곁들여진 사진, 이런 갖가지 것들을 짜모아 마치 내용이 풍부한 서류처럼 꾸민 『카틴의 진상』(1952년)이라는 책도 그 중 하나다. 거기에 화룡점정을 이루는 것이 바로 소련측이 카틴의 숲에 세워 놓은 기념 표지판 사진이다. 거기에는 다음과 같이 적혀 있다.

"이곳 카틴의 숲에서
1941년 가을, 히틀러 악당놈의
사형 집행인들에 의해,
포로가 된 폴란드군 장병
1만 1,000명이 총살당했다.
적군(赤軍) 부대는 기어이 보복하고야 말 것이다!"

■ 시네마스코프 풍의 항복 정경

1945년 5월 9일. 정전명령이 공표되기 일주일 전, 카이델 장군이 막 항복문서에 서명하고 있다(1). 그와 마주보고 있는 사람이 미국의 스파츠 장군(사진 중앙)이고, 왼쪽에 있는 사람이 러시아의 주코프 장군이다.

이 사진은 소련의 각종 역사서적에 발표되었던 것으로서, 원근법을 기묘하게 활용하여 짜깁기한 사진이다. 여러 장의 사진을 모아서 사건의 전체 모습이 보이도록 해 놓은 것이다. 같은 때 촬영한 다른 사진인 (2)와 비교해 보면, 배경이 되는 벽에 걸린 깃발을 따라 아래로 내려와서 프레이밍해 놓은 것임을 알 수 있다.

1. 이 몽타주 사진은 주코프 원수의 회고록에도 사용되고 있다. 이
회고록에는 수정한 사진, 위조사진 등이 이것말고도 엄청나게 많이
들어가 있다(『회상과 성찰』(모스크바, 1974). 영어판은 모스크바,
1985). 또 주이코프 원수의 저작 『스탈린그라드-베를린, 불타는
길』(모스크바, 1985) 역시 마찬가지다.
  2. 『로만 카르멘』(모스크바, 1983)에 발표된 사진. 주코프 뒤에 있는
영화감독이 로만 카르멘이다.

■ 전쟁과 영화

러시아에서 제2차 세계대전을 '대조국 전쟁'이라고 부른다. 이 대조국 전쟁은 1945년 이래 러시아 영화인들이 즐겨 다룬(혹은 강제된) 주제였다. 승리한 바로 그해, 스탈린은 적군의 승리를 영화로 표현하라고 재빨리 명령하였고, 물자 부족에도 불구하고 전쟁영화에 방대한 예산을 쏟아부었다. 가장 유명한 작품으로는 다음과 같은 것들을 꼽을 수 있다. 『스탈린그라드의 전투』(V. 페트로프 감독, 1949. 50년), 『베를린 함락』(M. 차우렐리 감독, 1949년) 등등. 10월혁명에 관해서도 역시 이런 일이 반복되어 왔음을 이미 지적했지만, 그들은 허구적인 영화 화면을 역사서적용 그림으로 조금씩 오용하기 시작했다. 그리고 세월이 흐름에 따라 영화용으로 재구성된 전투의 가장 뛰어난 장면이 마치 진짜 역사성에 있었던 일인 양 변해 가고 있다.

1. 『스탈린그라드의 전투』(1949·50년). 이 영화의 몇 장면이 『스탈린그라드』(모스크바, 1966)와 『대조국전쟁, 1941-45년』(모스크바, 1984)에 실려 있다.
2. 마찬가지로 『베를린 함락』(1949년) 중 의사당 공격 장면도 각종 역사서적에 자주 실리곤 한다.

■ 모자이크 사진 기법

19세기에 등장한 초기의 사진가들은 각자의 예술성을 발휘하기 위해 일종의 기교를 고안해냈다. 서로 다른 시간에 촬영한 여러 명의 인물을 같은 인화지에 모아 놓는 것이었다. 이 기술을 가리켜 '모자이크' 사진이라고 한다.

이 장르의 가장 뛰어난 작품 가운데 하나로서, 볼쇼이 극장에서 스탈린의 70회 탄생일(1949년 12월) 축하행사를 가진 다음날 보급한 사진을 들 수 있을 것이다(1). 늙은 독재자를 중심으로 하여 러시아 및 외국의 지도자 15명이 연단 위에 나란히 올라 있다.
볼리아치·코쉬킨·카가노비치·모택동·불가닌·울부리히트·흐루시초프·드로레스·이발리·게오르그 데지·수수노프·마렌코프·베리아 이 외에도 몇 명이 더 있다. 이러한 정경을 정확히 촬영하는 것은 거의 불가능하다. 그러나 이 사진 합성자는 어지간히도 야심적으로 사건의 전모를 보도하고자 시도하여, 얼굴 하나, 작은 부분 하나까지도 놓치지 않고 있다. 아마도 이것은 여러 장의 사진을 합해서 만든 것 같다. 모든 사람의 실루엣을 오려내고 고쳐서 단상에 나란히 배치한 것이다. 사진을 주의깊게 검토해 보면 이러한 사실을 발견할 수 있다. 배경 또한 한 장 내지 여러 장의 원판 사진을 기초로 하여 고쳐 그린 것이다. 이렇게 하여 만든 이 '가족 사진'은, 각자 복잡한 위계질서 및 외교 의례에 쫓아 정해진 자기 자리에서 한결같이 조명을 흠뻑 받으면서, 각자 관중을 향하여 정면을 바라보고 서 있다. '가족' 전체, 볼쇼이 극장의 공간 전체를 '지도자 선생님'(무대 위에 매달려 있는 글자는 스탈린을 이렇게 부르고 있다)의 시선이 내려다보고 있다.

수정해서 나란히 진열해 놓고, 몇몇 군데는 완전히 지워 버리기도 한 이 단체사진은 소비에트 신문국의 작품이었다. 이 사진들은 1945년 이후, 문자 그대로 외교상의 자랑거리가 되었다. 성가시기 짝이 없고 유쾌하지도 않은 일임에도 불구하고, 외교관이나 소비에트학 전문가들은 이 사진들을 연구하는 데 열중하고 있다. '역사'의 비밀스런 징후를 그 속에서 읽어내는 방법을 그들은 쉽게 터득했던 것이다. 이렇게 말하는 이유는, 그 사진들을 본격적인 암호문으로 생각해도 좋기 때문이다. 메이 데이 열병행진, 10월혁명 기념일, 기타 여러가지 기념 행사에서 주요 인사들은 스탈린을 중심으로 하여 레닌의 묘 위에 나란히 오르게 되는데, 그 순서는 엄밀한 외교 의례에 따라서뿐만 아니라 늙은 독재자의 변덕스러움에 의해서도 좌우되었다.

1. 1949년 12월. 타스 통신. 참가자들의 머리 위에는 이런 슬로건이 걸려 있다. "공산당 및 소비에트 인민의 위대한 지도자이자 교사이신 동지 I.V.스탈린 만세!"
2. 사진 1의 일부분.

1948년—모로토프·베리아·카가노비치·마렌코프.

49년—불가닌·모로토프·마렌코프·베리아·미코얀.

51년—마렌코프·베리아·모로토프·미코얀·카가노비치·흐루시초프(3).

모로토프와 불가닌은 신임을 잃음. 마렌코프는 순조롭게 상승중. 카가노비치와
미첸코는 바닥을 헤맴. 흐루시초프가 조심스럽게 두각을 나타냄. —이런
식으로 하여 그때마다 크렘린 고위층들의 흐름을 더듬어 보고 지도자 스탈린의
기분을 살펴서 알아보고, 그의 후계자를 예상할 수 있었던 것이다.

1953년 3월 8일 스탈린 장례식에 관한 공식 사진 한 장에는, 유리로 된 관이 묘
안으로 운반되기 직전에 묘의 연단 위에 나란히 서 있는 국제 공산주의 대표들
전원의 모습이 보인다(스탈린의 이름이 묘의 정면, 레닌의 이름 아래쪽에 이미
기록되어 있다, 4). 거기에는 게오르그 데지·울브리히트·드로레스·이발리·
롤리아치와 넨니·불가닌·모로토프·오로시로프·마렌코프·흐루시초프·베리아·
미첸코가 있다. 주은래가 중국을, 주크로가 프랑스 공산당을 대표하고 있다.
고트발트도 있었는데, 그는 이때 죽음에 이르는 감기에 걸려 닷새 후에 세상을
떠난다(그러나 스탈린이 그의 죽음을 앗아가 버렸다. '전세계'가 '인민의
아버지'를 잃은 슬픔에 잠겨 있는 사이, 이 사건은 거의 알려지지도 않은 채
끝났던 것이다—체코슬로바키아는 예외로 하고). 이 새로운 가족사진에서도
인물들은 일제히 조명을 받으면서 카메라맨 쪽을 바라보고 있다. 이류 인사들이
북적대고 있는 연단 양 끝을 전나무 가지로 가려 버린 것은 그만두고라도, 이
사진은 얼굴과 얼굴 사이를 모두 적절히 벌려서 어느 누구의 얼굴도 다른
사람의 얼굴을 가리지 않게 해놓고 있다(눈에 띄는 단 하나의 예외로서,
이탈리아 공산당 서기장인 롤리아치가 이탈리아 사회당 서기 넨니를 약간
가리고 있다—우연의 일치였던가. 별볼일 없는 '동반자'의 신분에 지나지 않는
사람은 이 연단상에서 그 한 사람뿐이었던 것이다). 게다가 뒷줄에 있는
사람들의 얼굴 모습도 앞줄에 있는 사람들과 마찬가지로 명료하게 나와 있다.

3. 붉은 광장에서의 메이 데이 퍼레이드, 1952년 5월 1일.
4. 1953년 3월 8일. 타스 통신이 공급. 『프라우다』 1953년 3월
10일자 제1면 및 『오고뇨크』 1953년 3월 15일자 표지에도 실려 있음.

■ 가변구조 조약

1950년. 스탈린과 모택동은 중소우호동맹조약에
조인했다. 중화인민공화국이 생겨난 지 반 년이
될까말까한 때였다. 주은래와 모택동이 모스크바로
갔다. 이것은 매우 중요한 사건이었다. 때문에
『프라우다』는 대형 사진을 실었다. 그렇게 넓은 각도로
촬영하는 것이 불가능함은 뻔한 사실이지만, 그
사진에는 참가자 전원이 찍혀 있다(1). 나중에, 소련
화가 몇 사람이 힘을 합쳐 거대한 그림 한 점을
제작했는데, 특히 스탈린이 돋보이도록 묘사했다.
중국측에서도 마찬가지로 그림을 제작했는데, 좀더
수수하게 스탈린을 모택동과 동렬에 놓고 그렸다. 이
사진 중에서 두 주요인물이 찍혀 있는 부분을 이용한
것이었다(3). 1953년, 스탈린이 사망했다. 며칠 후 조약
당시의 사진 일부가 『프라우다』에 다시 얼굴을
내밀었다(2). 한 사람의 인물이 스탈린—모(毛)
2인조에게 접근해 있다. 그의 인상을 강하게 하기 위해
조약에 서명하고 있는 부이진스키 외무상도 주위
사람들도 모두 지워 버렸다. 두 명의 거대한 인물 사이에
새로 등장한 이 사람은 스탈린의 후계자 지위를 노리던
마렌코프였다. 그는 성공을 거두어, 흐루시초프에 의해
쫓겨 나기까지 대략 2년간 지도자 자리를 차지했다.

1. 『프라우다』 1950년 2월 14일자.
2. 『프라우다』 1953년 3월 10일자.
3. 『인민의 중국』 (영어판) 제1권 제1호(1950년 4월 1일).

■ 황태자들의 왈츠

1953년 3월 5일. 스탈린이 사망했다. 시신을 찍은 사진이 각
통신망에 즉시 보급되었다(1). 『프라우다』는 이 사진을 토대로 하여
합성한 변변치 못한 사진을 재빠르게도 3월 7일자에 게재하였다(2).
거기에는 잠재적 후계자들 한 떼가, 의전에 참여했다고는 보기 힘든
모양새를 한 채 배경에 첨부되어 있다. 마렌코프는 그 무리들로부터
뚝 떨어져 서 있다. 다음날, 새로운 사진이 나왔다(3). 이번에는
최고의 지위를 차지하고 있는 여섯 인물이 시신 앞에 좌우대칭으로
나란히 서 있다. 한쪽에 흐루시초프·베리아·마렌코프 다른 한쪽에
불가닌·오로시로프·카가노비치. 이 사진은 공식 의전다운 엄숙성은
있으나 뭔가 석연치 않게 느껴지는 점이 있다. 관 받침에 드리워진
천과 꽃이 고쳐 그려져 있고, 의복의 세밀한 부분이나 그림자 역시
마찬가지다. 스탈린의 머리 부분은 지나치게 쑥 들어가 있다. 그후
수년간 잡지나 서적에 인쇄되고 유포된 사진들을 서로 대조해 보면,
지금까지 말한 바와 같은 의문이 더욱 커진다. 베리아와 마렌코프
사이의 간격이 가지각색이고, 카가노비치 및 오로시로프 뒤의
배경도 서로 다르다. 이들의 실루엣이 배경 위에 덧붙여진 것임을
한눈에 알아볼 수 있다.

그러나 이 그림은, 당시의 세력 균형을 완벽하게 표현해 주지 못하는
것이었다. 3월 9일자 『프라우다』는 새로운 배열을 공표하였다(4).
이것 역시 몽타주 사진이라는 점에는 다를 바 없지만,
모로토프(왼쪽)와 미첸코(오른쪽) 두 사람이 더 등장하였다. 그러나
이 사진의 경우도, 이후 유포된 몇 개의 사진들을 비교해
보면—오로시로프와 베리아의 간격이 제각각이고 베리아의 축
늘어진 머리카락이 없어졌으며, 옷도 고쳐져 있다—이 역시 같은
무대장치를 사용하여 촬영한 여러 종의 사진을 끼워 맞춰 놓은
것이라는 결론을 내릴 수 있게 된다.

1. 1953년 3월 7일, 타스 통신이 보급한 사진.
2. 『프라우다』 1953년 3월 7일자의 2면에 실린 몽타주 사진.
3. 『프라우다』 1953년 3월 8일자. 촬영자 A. 우스치노프 및 F. 키스로프라고 씌어
있다.
4. 『프라우다』 1953년 3월 9일자 및 『오고뇨크』 1953년 3월 15일자.

Иосиф Виссарионович СТАЛИН

В Колонном зале Дома союзов 7 марта 1953 года. Руководители Партии и Правительства у гроба товарища И. В. Сталина.

Пролетарии всех стран, соединяйтесь!

Коммунистическая партия Советского Союза

ПРАВДА

Орган Центрального Комитета
Коммунистической партии Советского Союза

№ 68 (12636)   Понедельник, 9 марта 1953 года   ЦЕНА 20 КОП.

Сегодня советский народ, все прогрессивное человечество провожают в последний путь своего великого вождя и учителя

Иосифа Виссарионовича СТАЛИНА.

■ 비스탈린화의 알려지지 않은 한 단계

1956년 2월 24일. 소비에트 공산당 제20차 대회에서 당 서기장 흐루시초프는
비밀 보고서를 제시했다. 『프라우다』는 이에 대해 전혀 언급하지 않았다. 그
사실을 알고 있는 사람은 외국의 공산당 지도자 몇 명, 스탈린의 딸
스베틀라나, 그리고 티토뿐이었다. 머지않아 매우 불명확한 경로로—아마도
폴란드를 경유한 듯하다—미 국무성이 이 정보를 입수하게 되었고, 『뉴욕
타임즈』가 6월 4일자에서 이것을 공표하였다.

흐루시초프는 그 보고서에서 스탈린의 범죄를 고발하고 열광적인 '개인숭배'의
수많은 예를 보여주었다. 소비에트 당국은 그 보고서가 제시된 날로부터
흐루시초프 시대가 막을 내리기(1964년)까지, 스탈린의 흔적을 모두 지워
없애는 데 열성을 다했다. 그의 시신을 붉은 광장에 있는 묘소로부터 끌어내고,
그의 저작들을 파기했다. 동상·사진·그림 들을 다 없애 버리고, 스탈린의
이름을 딴 도시·댐·콤비나트·공장 등의 이름을 다시 고쳤다. 나돌고 있는 역사
서적들을 회수하여 내용을 고쳐서 다시 발행하였다. 스탈린의 모습을 지워
버리기 위해 사진에도 수정을 가했다. 그러나 1964년 이래, 브레즈네프 시대가
개막되면서, 이 철저한 제거작업이 다소 느슨해졌다. 다시금 스탈린을 인용할
수 있게 되었다. 그의 전략이나 정책 방침에 대해서는 비판을 계속했지만
'개인숭배'나 숙청·유형 등의 현상을 재검토하지는 않았다.

비(非)스탈린화가 가장 기묘한 형태로 진행된 것은 영화 분야이다.
1960년대에는 레닌이나 스탈린에 관한 영화를 복제할 때 스탈린이 등장하는
장면을 완전히 지워 버렸다. 스탈린의 실루엣에 마스크를 씌워 가려 버린
경우도 있다. 「10월의 레닌」 중에 레닌과 스탈린이 홀을 가로질러 연단쪽으로
가는 장면이 있다. 오늘날에는 스탈린이 수병의 그림자에 가려 보이지 않게
되어 있다. 「1918년의 레닌」 원판은 2시간 13분 동안 상영되도록 제작되어
있다. 그러나 오늘날에는 1시간 35분이면 끝난다. 스탈린이 등장하는 부분 중
드라마 진행에 반드시 필요하지 않은 곳들을 모두 잘라내 버렸기 때문이다.
30-40년대의 영화에서는, 집이나 사무실 벽에 걸린 스탈린의 초상이 투명
상감기법에 의해 마르크스나 레닌의 초상으로 뒤바뀌어 있다. 서구 여러 나라의
필름 도서관에 보존되어 있는 영화도 마찬가지의 일들을 겪었다.
소비에트측에서 손상된 복제물을 무료로 고쳐 주겠다는 의사를 타진하였고,
고쳐서 되돌려 준 복제물들은 정말 새것이기는 하지만 여기저기 잘려 나가
있었던 것이다.

1. 「10월의 레닌」 중, S.고르드주타브가 연기한 스탈린(미하일 롬 감독, 1937년).

2. 「잊지 못할 1919년」 중, M.게로바니가 연기한 스탈린(차우렐리 감독, 1951년). 위 두 개의 장면은 오늘날의 복제물에서는 잘려 나가고 없다.

모택동 전설

　　모택동의 이력은, 반 세기에 걸쳐 중국의 역사와 한데 어울어져 있다. 중국에서도 앞서 살펴본 스탈린의 경우와 상당히 유사한 현상이 나타난다. 왕성하게 꽃핀 '개인숭배'에서 사진이 가장 큰 역할을 담당하였던 것이다. '모택동'의 초상화가 끝도 없이 늘어났으며, 그의 인물상만 오직 홀로 떼내어지고 경쟁자들은 자취를 감추었다. 실제 있었던 역사적 광경의 중심을 이동시키고 짜맞추고 나아가서는 있지도 않은 광경을 궁리 끝에 지어내기도 하였다. 이런 식으로 수정한 그림이 박물관에 전시되고, 신문·서적에 실려 배포될 뿐 아니라 심지어 수출까지 되고 있다. 그 가운데는, 사실적이지 못하여 믿을 수 없고, 거짓으로 꾸민 역사 문서의 삽화로 사용된 것도 많이 있다. 중국의 역사는 당의 감독하에 씌어져서 정치 이론 혹은 노선과 일치하지 않는 삽화는 배제되는 반면 이런저런 상징적 사건들은 도가 넘게 부풀려진다. 이와 마찬가지로, 모든 역사적인 그림 하나하나에 모두 의미가 담겨 있고, 어떤 특정한 장소에 꼭 알맞게 끼어들어가 극도로 명확한 역할을 담당한다. 이 사진들은 그 가운데 기호체계, 계층질서, 암시의 네트워크를 지니고 있어, 각자 그것을 해독하는 방법을 어느 정도 터득하고 있지 않으면 안 된다. 중국의 사진사들은 수정 및 몽타주 기법에 숙달되어 있기로 정평이 나 있다. 그들은 모택동에 관한 서사시에서 중요한 사진 모두를 멋진 컬러 사진으로 만들었다. 그들은 어떤 인물은 돋보이게 하고 또다른 어떤 인물은 허무의 심연으로 보내 버렸다.

　　그러나 다음과 같은 점을 간과해서는 안 된다. 즉, 소비에트 연방에서는 트로츠키가 반 세기여 동안 자취를 감춰 버렸으나, 중국에서는 사정이 달라서 그림이 부단히 바뀌고 있다는 사실이다. 일단 사라졌다가도 다시 그림 속의 인물들 가운데 등장하는 사람이 많다. 또한 새로운 몇몇 사람들에게 자취를 감출 차례가 돌아오기도 한다. 오늘날에는 모택동 자신이 다른 지도자들 사이에 끼어, 과거와는 달리 남의 눈에 별로 뜨이지 않는 왜소한 지위로 되돌아왔다. 박물관이나 문서 따위에서도 그의 모습을 이전만큼 많이 접할 수는 없게 되었다. 중국의 사진 자료들은 예전처럼 엄격히 관리되고 있지 않기 때문에, 한 사진집 여기저기에서 같은 사진의 각각 다른 형태가 발견되는 경우도 드물지 않다.

■ 단체사진이 종교화로 변하다

1949년부터 몇 년 세월이 흘러 모택동이 숭배 대상이 되던 무렵,
선전 책임자들은 다음과 같은 점들을 알아챘다. 그의 청년시절에
관한 사진이 그다지 많지 않으며, 당시 씌어진 것과 같은 이 전설적
생애에 꼭 합치한다고도 볼 수 없었다. 일찍이 모택동은 양가의
청년, 평범한 학생, 그리고 수많은 지도자 중 한 사람이었다. 그
때문에 중국의 박물관이나 서적에서 볼 수 있는 청년시절의
초상사진은 어느 것이나 다 가족사진, 학생 친구들과 같이 찍은
사진, 정치 집회의 사진 등을 기초로 하여 배경을 공들여 지우고
수정·확대해 놓은 것이다. 모택동의 생애는 스탈린이나 김일성의
생애와 마찬가지로 교정하여 고쳐 그린 얼굴이 연쇄적으로 변하고
있다. 멋있지만 표정이 없고, 사진이라기보다는 종교화에 가깝다.

1930년에서 49년까지에 걸친 지하조직 활동 시기의 사진을 보면
모택동이 구깃구깃한 상의를 입고 있는데, 주머니는 불룩
튀어나오고 옷깃은 비비 꼬였으며, 셔츠의 가슴패기는 풀어 헤쳐져
있고, 심지어 실이 틀어진 곳도 있다. 머리칼은 쑥 잡아펴서 노상
이마로 흘러내려와 있다. 1949년 이후에 그림 담당자는 독립심이
강한 성정을 드러내는 징후들을 모두 지워 없애 버렸다. 1936년에
에드가 스노가 넘겨 받아 발표한 사진이 있다(2). 1931년 11월에,
중공 6전대회 전체회의에 즈음하여 촬영한 것이다(사진 상단의
중국어 설명에 의하면, 서금(瑞金)에서 열렸던 중화 소비에트 제1차
전국대표대회의 사진. 덧붙여 말하면 중공 6전대회는 1928년 6-7월,
모스크바에서 개최되었다). 나중에 '개인숭배'가 시작되면서
1930년대의 혁명가 모택동의 빼어난 자태를 드러내 보이는 삽화로써
쓰인 것은, 이 사진을 반신상으로 잘라내어 줄인 것이었다. 단,
비어져 나와 있는 셔츠의 것은 상의로 가렸고, 상의 자체는 정성들여
조였으며, 깃을 펴놓았다. 부스스한 머리털의 윤곽도 깔끔하게
정돈하였다(3).

　1. 『민족화보』제11호(1976년). '청년시절의' 모택동, 1919년, 24년,
25년, 27년, 31년.
　2. 1936년에 에드가 스노가 건네받아 자신의 저서인 『중국의 붉은
별』(1937년)에 발표한, 촬영자 불명의 사진. 같은 책 1937년,
38년판에는 이 사진이 실려 있지 않다. 72년 개정증보판(펭귄
북스)에는 위아래와 양옆을 트리밍하여 왼쪽 끝의 인물을 삭제한 변형이
실려 있다. 왼쪽으로부터, 방지민(方志敏), 주덕, 등발(鄧發),
소극(蕭克), 모택동, 왕가상(王稼祥). (원서에도 왼쪽 끝의 인물 이름이
빠져 있다).
　3. 『중국문학』(프랑스어판) 제11-12호(1976년) 및
『중국』(프랑스어판)(『중국화보』의 프랑스어판, 이하 모두 같음)
제11호(1976년).

蘇區中央局委員攝於第一次全蘇大會紀念日一九三一十
瑞邑赤松

■ 낫과 망치

이 사진은 1933년에 촬영한 것으로서, 허리에 손을 짚고
연단 위에 서 있는 모택동이 찍혀 있다. 그가 좋아하는
자세 중 하나이다. 후에 모택동파의 그림 담당자는 이
사진의 오른쪽 부분만 남겨 두고 나머지는 잘라내
버렸다. 모택동의 얼굴을 고치고 윗도리 깃의 구김살은
펴서 조였으며, 옷의 주름을 없앴다. 다른 판들에서
보면, 바지 윗부분에 보기 흉한 주름살 세 가닥도
없앴으며, 무엇인가로 가득 차 있던 오른쪽 주머니를
마법이라도 부린 것처럼 가볍고 평평하게 해놓았다.
제일 마지막 판은 아예 컬러 사진으로 만들었다.
테이블에 걸려 있던 갖가지 무늬를 짜넣은 두터운
양탄자는 어디론가 사라졌으며, 사진 왼쪽 부문의 한
요소였던 낫과 망치를 그린 문장(紋章)이 오른쪽으로
옮겨져 있다.

1. 1933년 6월. 『사진으로 본 인민해방군사』(프랑스어판)
제1권(북경, 1980)
2. 『민족화보』 제11호(1976년). 설명문—"1933년, 모택동 동지, 장시
혁명 근거지 여덟 개 현으로부터 모여든 빈농단체 대표회의에서 연설."

八縣貧農團代表大會主席團攝影 1933.6.26

一九三三年，毛泽东同志在江西革命根据地八县贫农团代表会议上讲话。

■ 외국인을 빼 버린 혁명

1938년 무렵, 외국인 방문객, 친구 일행이 중국의
지도자들과 함께 에드가 스노를 위하여 포즈를 취하고
있다. 보구(博古), 주은래(周恩來), 왕민(王明)이 제일
앞줄에 있다. 중국의 각종 역사 서적과 오토
브라운(스탈린이 파견한 군사고문으로서 중국 육군을
이동전(移動戰)에서 진지전(陳地戰)으로 전환시켰다)의
회고록에서도 같은 사진을 볼 수 있다. 그러나 거기에는
세 명의 중국인 지도자만 찍혀 있을 뿐이다. 배경을
빽빽이 칠해 메워 버린 것이 어지간히 조잡하다. 사진에
남겨두고 싶은 부분만 가위로 오려내어 그것을 회색
대지에 붙여 놓은 것이다. 아그네스 스메드레(뒷줄
중앙), 주은래의 처(둘째줄 오른쪽 끝) 등 열 명의
친구들이 배경을 빽빽이 메운 탓에 지워져 버렸다.
혁명은 외국인들의 소풍이 아니기 때문이다.

1. 에드가 스노가 1938년에 촬영한 것으로 생각되는 사진.
2. 「사진으로 보는 중국근대사」(북경, 1980년, 티엔티도서 간).
보구는 중국의 그림들로부터 오랜 동안 밀려나 있었다. 그의 모습이
다시 등장한 것은 1980년 무렵의 일이다. 그러나 그 경우에도 사진
전체가 복원된 것은 아니었다. 오토 브라운 저 「중국 수기,
1932-39년」(베를린, 1975) 참조.

(995) 王明（即陳紹禹，圖右）、周恩來（圖中）、博古（即秦邦憲，圖左）攝於一九三一年。王明、博古是一九三一年至一九三五年中共的領導人，被指爲第三次「左」傾路線的執行者。

■ 전원 산책

모택동이 1942년, 연안에 와서 밭농사를
시찰했다. 24년 후, 같은 그림이 사진집에
다시 등장했다. 그러나 이번에 실린
사진은 채색되었을 뿐 아니라 주위의
밭에 있던 농민이나 길가의 구경꾼들이
다 지워져 버렸다. 실루엣을 오려낸 이
사진은 이전의 것과는 전혀 다른 의미를
지닌, 성스러운 성격의 것으로 변했다.
동시에 모택동의 얼굴은 명랑해지고 깃의
보기 흉한 구김살이 제거됐으며,
머리카락도 약간 깎아 다듬었다.

1. 오인함(吳印咸)이 찍은 사진. 1942년.
2. 「중국 사진」(프랑스어판) 제3호(1976년).

■ '장정'을 다시 연출하다

1931년 강서성(江西省)에서 중화 소비에트 공화국의 성립이
선언되었다. 이 선언을 행한 사람은 광동(廣東) 소비에트 봉기가
궤멸(1927년)하자 도망쳤던 공산당 간부였다. 13만의 병력을 거느린
홍군(紅軍)은 장개석(蔣介石) 부대에 포위당하자 대규모 퇴각
행동에 나서, 1년 사이에 1만 2,000킬로미터를 걸어서 통과하였다.
군 병력의 4분의 3을 잃는 고투 끝에 그들은 협서(狹西)에서
피난처를 발견해내었다(1934년 10월-35년 10월). '장정'은 이 기간
동안 치루어 낸 피비린내 나는 수많은 전투, 복잡한 군사행동, 또
노정교(瀘定橋) 도하(渡河) 등등 전설 같은 영웅적 행위에 관한
이야기들로 이어져 있다. '장정'은 미래 공산주의 국가의 위대한
창세 신화가 되었던 것이다. 이 동안에, 모택동은 대립을 교묘히
이용하는 한편 주덕(朱德) 같은 군부 지도자와 동맹하면서,
중앙위원회의 선배들을 제치고 쉽사리 권력을 장악하였다.
쭌이(遵義) 회의(1935년 1월)를 계기로 중앙위원회 주석에 선출된
그는, 장정이 끝날 때에는 지배적인 위치에 올라 있었다.

이 서사시적인 이동에서 사진가는 한 명도 없었다. '장정' 후까지도
남아 있었던 것은 핀트가 맞지 않아 지독히도 희미하거나, 별로
중요하지 않은 내용들을 담은 사진 몇 장뿐이었다. 1949년의 승리
후, 중국인이 혁명사를 쓰기 시작했을 때, 그들이 이용한 것은 특히
당시 젊은 병사로서 홍군 선전 부문에서 일하던 황진(黃鎭)이 그린
스케치 몇 점이었다. 그러나 사진 부족은 영화 덕분에 얼마 안 되어
보충되었다. 질서정연한 전사들의 큰 부대를 연출한 역사 영화가
여러 편 제작되어 중국의 삽화 담당자에게 사진을 잔뜩 제공해
주었기 때문이다. 이 역사적 시기에 관한 흥미진진한 사진이
전무하다는 것은 중국에서는 모르는 사람이 없는 사실임에도, 이
영화들의 상업적인 사진을 아무런 머뭇거림도 없이 '장정시의
광경'이라는 이름을 내걸어 발표하였다.

1. 황진의 스케치. 『서행(西行) 스케치』(영어판) (상하이, 1938년
10월).

2. 중국의 어느 혁명 영화─대개는 옌 치주 감독에 의한
『만수천산(萬水天山)』(1977년)─의 스틸 사진.

■ 어느 군모에 관한 이야기

모택동은 권력을 장악할 때까지 좀처럼 군복을 입지
않았으며, 군모를 쓰는 일은 더욱 드물었다. 1936년에
바오안에서 에드가 스노는 굳이 군복 입은 모택동의
사진을 찍고자 하여 붉은 별이 붙은 군모를 그에게
씌웠다. 모택동은 기분이 썩 내키지는 않았지만,
요구하는 대로 하였다. 이 사진은 이후에 대단히 널리
퍼졌다. 원판에 의한 사진은 핀트가 안 맞고 찌푸린
얼굴에 미간이 험상궂으며 심하게 그늘져 있다(모택동은
이렇게 겉치레하고 있는 것이 꽤나 불편했던 모양이다).
웃옷의 깃은 구겨져 있다. 모택동의 머리는 배경 때문에
선명하게 두드러져 보인다. 배경에는 벽(보안의
동굴을 가진 벽 가운데 하나일 것이다)과, 출입구의 치마
구실을 하는 돌이 보인다. 몇 년 뒤, 삽화 담당자들은 이
사진(무릇 벌써 조작하기 시작하였다는 의미인데)에
덤벼들어, 이것을 모택동 숭배를 위한 종교화의 위치에
올려놓았다. 얼굴과 군모의 윤곽을 다부지게 하고
그늘은 줄였다. 코끝과 콧날을 부드럽게, 눈과 눈썹의
엄한 표정을 약하게, 입·귀·옷깃의 단추·붉은 별을
분명하게 고쳐 그렸으며, 웃옷 깃을 핀으로 당기고,
장교의 약식 훈장도 덧붙였다. 심지어 배경을 흐릿하게
얼버무려 놓음으로써 인물을 한층 돋보이게 하였다.
이렇게 하여, 중국의 혁명 서사시의 가장 유명한 그림 중
하나가 만들어졌다.

이 시기의 사진에는 이처럼 강제로 모습이 바뀐 것들이
의외로 많다. 극히 간단한 수정 덕분에 무뚝뚝하고
칠칠치 못하며, 예술가 기질이 다분한 모택동이 중국
혁명의 엄격한 장군으로 변모되었던 것이다.

  1. 에드가 스노가 찍은 사진. 1936년 보안(保安)에서 촬영.
  2. 혁명박물관(북경). 매우 여러 개의 간행물. 예를 들면
『중국』(프랑스어판) 제7-8호(1971년) 혹은 『중국』(프랑스어판)
제11호(1976년) 등.

■ 서안(西安) 사건

1936년 12월. 협서성의 성도(省都) 서안에서는 국민당의 대병력이 공산당 총사령부를 뿌리째 뽑아 버리고자 연안을 목표로 진격 준비를 진행시키고 있었다. 군대의 사령관은 장학량(張學良)이었다. 그는 1928년에 일본군에 의해 암살된 만주 군벌의 두목 장작림(張作霖)의 아들이다. 그러나 장학량은 항일과 만주 탈환이 공산당 근거지를 제압하는 것보다 더 중요하다고 확신하고 12월 11일 밤, 상사인 장개석을 체포했다. 그리고는 8개 항목의 계획을 장개석에게 제안하고 내전 정지, 정치적 자유, 항일통일전선을 강력히 권고했다. 12월 13일, 장학량은 비행기를 연안에 보내 주은래를 서안으로 맞아들였다. 그러나 그 사이에 스탈린이 직접 썼다는 전보가 도착했다. 장개석의 체포를 '일본군 스파이'의 탓으로 돌려야 한다는 것이었다. 항일국민전선은 어떻게든 유지하지 않으면 안 되었고, 스탈린이 보기에 항일전선의 보증인이 될 만한 사람은 장개석뿐이었던 것이다. 그러니까 그를 석방시켜야만 한다는 것이었다. 장개석은 주은래와 몇 번 만남을 거듭한 후에 풀려났다(이때 그는 자신을 배반한 장학량을 연행했다!). 이외에도 이러저러한 뒷거래가 있었지만(공산당 역사가도 국민당측도 이 여러 차례의 회견 내용을 명확하게 하지 않았기 때문에, 그 교섭 내용은 오늘날에도 확실히 밝혀지지 않았다), 막상 통일전선이 성립한 것은 반 년 후의 일이었다. 그것은 오로지 일본군이 중국 여러 성을 향해 노도와 같이 진격하여, 잇달아 수많은 학살·폭격·테러를 자행했기 때문이다.

'서안사건'에 관해서는 모택동과 주은래가 비행기 앞에 나란히 서 있는 모습을 찍은 사진이 남아 있다(2). 주은래는 비행복을 입고 있다. 이 사진의 설명문 내용은 대강 다음과 같다. "서안사건 해결 후, 모택동이 주은래를 마중하기 위해 연안 비행장에 가다." 이 사진은 역사 관계 간행물에 실려 꽤 널리 퍼졌는데, 사실은 훨씬 큰 사진 원판의 일부분에 불과하다. 그 원판에는 장학량이 주은래를 위해 준비한 비행기를 둘러싸고 포즈를 취하고 있는 15명 정도의 사람이 찍혀 있다(1). 모택동은 비행기로 돌아온 주은래를 맞아하러 나온 지도자들 중 한 사람에 지나지 않았다. 결국, 일부분만 확대하여 필름을 고침으로써 정치적으로 완전히 다른 어조를 띤 사진을 만들어냈던 것이다.

더욱 흥미로운 점이 있다. 같은 원판을 가지고 이 사건에 관한 다른 사진을 또 만들었던 것이다(3). 주은래가 비행기 정면에 혼자 서 있는 그림이 있다. 자세로 보나 비행기 모양으로 보나 틀림없이 동일한 실루엣이다. 원판

(590)　周恩来同志从西安回到延安时受到毛泽东等同志的欢迎。这是机场留
影。左起：秦邦宪、张闻天、毛泽东、周恩来、彭德怀、林伯渠、肖劲光。

1. 사진 중앙에 주은래, 모택동의 모습이 보인다.
2. 『주은래와 서안사건, 목격자의 보고』(영문판) (북경, 1983).
3. 이스라엘 엡스타인 저 『아편에서 해방까지』(영문판) (북경, 1956,
재판, 홍콩, 1980). 또 『민족화보』제1호(1977년)―주은래 기념특집호,
『중국 혁명사적(史跡)』(프랑스어판) (북경, 1985)을 참조.

사진으로부터 실루엣을 오려내어 왼쪽 어깨의 그림자진 부분을 고쳐서 기체
정면으로 옮겨, 원래 그 자리에 서 있던 조종사에 찰싹 붙여 포개 놓았다.
이렇게 하여, 중국의 역사가들은 역점을 두고자 하는 것이 주은래의 역할인가
모택동의 역할인가에 따라서 어느 한쪽의 사진을 이용하였던 것이다. 때로 두
개의 판이 같은 책에 실리는 경우가 있다. 심지어 본래의 판조차 중국의
간행물에 다시 등장하였다 !

■ 담배꽁초와 그 그림자

1937년, 연안, 모택동은 홍군 총사령관 주덕과 나란히 포즈를 취하고 있다. 오늘날 북경의 혁명박물관에 전시되어 있는 판이나 각종 역사서에서도 틀림없이 이 두 사람의 이름을 볼 수 있다. 그러나, 어떤 부분이 달라졌다. 모택동은 이제 오른손을 등 뒤로 돌리고 서 있는 것이다. 왜 그랬을까? 검열 담당자가 생각하기에, 담배란 위인의 위엄에 도무지 어울리지 않는 것이었기 때문이다. 이 사소한 조작을 증명하는 실마리가 단 하나 남아 있다. 수정 담당자는 모택동의 손 그림자까지 지워야 한다는 것을 잊어버렸던 것이다. 고친 사진에서도 모택동의 오른손 그림자는 옆으로 뻗어나와 지면에 비치고 있다.

1. 연안, 1937년.
2. 북경, 혁명군사박물관. 「민족화보」 제8호(1977년). 또는 「그림으로 본 인민해방군사」(프랑스어판) 제1권(북경, 1980).

■ 무대장치 속으로 녹아 들어가다

1936년 협서성 북부 지방, 연안으로부터 그리 멀지 않은 보안(保安)에서 에드가 스노의 전처 헬렌 호스타 스노가 중국 혁명의 지도자 중 네 명에게 포즈를 취하게 했다. 모택동, 주은래, 주덕, 진방헌(秦邦憲).

진방헌은 전시(戰時) 이름인 보구로 더 많이 알려진 인물로서 모스크바에서 양성된, 그 유명한 볼셰비키 28인 그룹의 한 명이었다. 그는 1930년에 파견 대표 파벨 미그가 데리고 북경으로 되돌아왔다.

보구는 왕명의 친구였기 때문에, 1931-35년까지 왕명의 후임으로 총당서기직을 맡았다. 그는 쭌이 회의에서 모택동과 대립했다. 그는 그후 서북 소비에트 정부 수석이 되었다. 그는 이 자격으로 장개석 체포 후 장과 가진 '통일전선'을 둘러싼 여러 차례의 회견, 협정에 참여했다. 또 신화사 및 당지 『해방일보』 지도도 담당했다. 1946년 4월, 그는 비행기 사고로 사망했다. 그 바로 전해인 1945년, 모택동은 보구의 정책 탓에 "적보다 공산주의자 쪽이 더 많이 생명을 잃었다"고 언급했었다.

헬렌 스노가 찍은 사진은 그후 서방측에서는 그녀 자신의 저작(님 웨일즈라는 이름으로 씌어진)과 남편의 저작에 같이 실렸다. 스노 부처의 사진은 전세계에 유포되어 1949년 이후 중국의 역사서적·소책자·잡지의 기념호 등에 다시 게재되기에 이르렀다. 이 사진들은 후에 북경의 연안박물관에 전시되었다. 그런데 거기에는 모택동·주은래·주덕만 나와 있다. 일찍이 모택동의 적대자였던 보구가 서 있던 장소에 보이는 것이라곤 바오안의 어느 집 창가에 세워 놓은 나무 판넬뿐이었다. 보구는 무대장치 속으로 녹아 들어가 버린 것이다. 그가 입은 웃옷의 어두운 색조는 다른 사람의 웃옷 색깔에 비해 두드러져 보이는데, 이것이 판넬의 색깔을 한결 진하게 한 듯한 느낌마저 든다.

1. 헬렌 호스타 스노(님 웨일즈)가
찍은 사진. 1937년, 연안에서 촬영.
2. 북경, 혁명군사박물관. 또는
『사진으로 보는 중국근대사』
(프랑스어판) (북경, 1980). 그러나
이제는 완전한 판의 사진이 다시
등장하는 경향이다. 『중국
혁명사적(史跡)』(프랑스어판) (북경,
1985) 참조.

■ 질서정연한 열병식

1944년 10월. 연안 비행장에서 모택동과 주덕이 휘하의
부대를 열병했다. 22년 후 문화대혁명이 일어나고
모택동에 대한 개인숭배가 정점에 달했을 때, 이 사진이
또 등장했다. 이때, 주덕이 있던 부분을 잘라 버리고
오른쪽에 있던 인물을 뒤쪽으로 밀어내서 모택동이 혼자
걸어가고 있는 것처럼 보이게 하였다. 이전에 인물이
찍혀 있던 장소를 수정하는 수고를 줄이면서도 구도의
중심을 좀더 손쉽게 옮기기 위해, 모택동의 실루엣을 그
인물이 있던 자리로 옮겼다. 그 기회를 이용하여
모택동의 얼굴에 수정을 가했으며, 양손과 상의의
주머니·단추 등을 눈에 잘 보이도록 고쳤다. 이와같은
수정작업은, 화면 전체에서 모택동의 인물상이 홀로
돋보이게 하기 위한 것으로서 개인숭배의 가장 미묘한
구성요소에 속한다. 이렇게 수정함으로써 영웅의
편재성(遍在性)과 위엄을 강화할 수 있을 뿐 아니라,
주역의 실루엣에 시선이 확실히 집중되도록 할 수 있게
되는 것이다. 신화를 만들어내는 데서, 사진은 문장을
훨씬 능가한다.

1. 인민출판사간 단행본, 1975년.
2. 신화사, 1965년경.

■ 인민공화국 선언

1949년 10월 1일. 모택동은 천안문 위의 연단에 서서,
중화인민공화국의 수립을 엄숙하게 발표했다. 공산당은
1947년 6월 30일에 공세를 개시한 후 2년도 채 되지 않은
사이에 중국대륙 전역을 정복했다. 모택동은 1945년
이래 당 주석이었는데, 이제 공화국 주석으로
임명되었다. 이후 1959년까지 그 지위를 유지했다. 연단
위에는 역사적 지도자들 전부가 그를 둘러싸고
참석해 있다.

몇 년 지나면서, 모택동 주위에서 열광적인 개인숭배가
성행하게 되던 즈음 배경을 메꿔 버리거나 주변 인물을
삭제하거나 하는 방식으로 그의 모습만 따로 떼냈다.
그날 연단 위에 서 있던 사람이 마치 그뿐이었던 것처럼
되었다. 게다가 채색도 하여 컬러 사진으로 만들었다(3).
모택동에 이어 지도자 중 가장 위신이 높았던 주은래도
사망 직후 이와같이 처리─배경을 메우고 사진에
채색함─되는 특전을 받았다(1976년)(2).

1. 신화사.
2. 『중국』(프랑스어판) 제11호(1976년).
3. 『중국』(프랑스어판) 제1호(1977년).

■ 점점 발전하는 그림

북경의 혁명박물관에 가면 동희문(董希文)이 그린 유명한 그림을 볼 수 있다. 중화인민공화국 수립 의식을 묘사한 것이다. 모택동은 화면 중앙보다 약간 왼쪽에 비껴서 있다.

모택동의 뒤쪽에 당 지도자들 한떼가 있다. 주은래와 주덕, 그리고 그날 천안문 위에 설치된 연단에 틀림없이 있었던 여러 사람들도. 심지어 유소기와 송경령(宋慶齡)도 있다. 이 두 사람은 그날 행사 사진에는 찍히지 않았지만 그려 넣었다. 중국인 화가가 이 작품을 그린 것은 아무래도 수립 선언 10주년 기념에 즈음해서인 것 같다. 송경령은 손일선(孫逸仙, 손문)의 미망인으로서 매우 명망이 높아서 인민공화국 부주석에 임명되었다. 유소기는 모택동의 뒤를 이어 공화국 주석 지위에 취임하였다. 이 정도로 중요한 인물들인 까닭에 동희문은 모택동 다음가는 중국의 두 주요인물을 지도자 집단의 제일 첫줄에 그려 넣었던 것이다.

1968년, 유소기가 실각했다. 문화대혁명의 주요 희생자 중 한 사람이었던 것이다. 그의 모습은 모든 간행물로부터 사라졌다. 당시, 동희문의 그림을 컬러 복제한 것이 소책자·선전 전단· 신문·잡지·역사서 등에 널리 유포되었는데, 실각과 동시에 유소기는 송경령 옆에서 잘려 나가 버렸다.

1981년 7월, 중국공산당 창립 60주년 기념식에 즈음하여 유소기가 역사 사진에 다시 등장하게 되었다. 동희문의 그림을 복제한 것에도 역시 재등장했다. 그러나 당시, 이 그림은 여러 부분이 변경되어 있었다. 특히 오른쪽 맨 끝에 새로운 인물이, 난간과 장미색 국화 자리에 억지로 그려 넣어져 있다. 위엄있게 몸을 도사리고 서 있는데, 모난 얼굴에 이마가 넓고 뺨은 늘어졌다. 모택동의 후계자인 화국봉(華國鋒)의 초상임을 쉽게 식별할 수 있다. 1949년 당시, 그는 약관 28세로서 행사에 참석하지 않았다. 그러나 최고 권력에 도달한 지금, 역사의 전설 가운데로 끼어들었다. 그가 제일 먼저 주의를 기울인 것이 바로 '건국의 조상' 집단에 함께 그려지는 것이었다. 따라서, 그는 약간 나이든 모습으로 그려질 수밖에 없었다.

1. 신화사, 1950~55년경.
2. 『중국』(프랑스어판) 제7호(1981년) 및 북경, 혁명박물관.

■ 모택동 부인의 복수

1958년은 '대약진'의 시대였다. 모택동 공화국 주석과 팽진(彭眞) 북경 시장이 북경 근처의 십삼릉(十三陵) 댐의 대공사 현장에서 이식용 삽을 손에 들고 사진을 찍는 모범을 보였다. 팽진은 유소기의 측근으로서, 몇 번 기회를 잡아서는 꼴사나울 정도로 지나친 '개인숭배'를 비판하고 조롱했다. 그뿐만 아니라 일찌감치 1961년 '대약진'의 실패에 대하여, 또 모택동의 오류에 대하여 한 건의 서류를 작성하기 시작한다. 모택동은 차라리 고대 중국에나 딱 어울릴 일련의 음모·책략·전략적 행동을 거친 끝에 이제 정치세력의 균형을 뒤엎고 절대권력을 다시 획득했다. 이것이 '문화대혁명'이고, 시몽 레이가 말한 바와같이 "혁명적인 것은 명목일 뿐이며, 문화적인 것은 출발점에서의 전술적 구실일 뿐"이라는 내용이었다. 팽진은 1966년 봄, 제일 먼저 희생된 사람 중 하나였다. 그해 당 기관지에서 그는 맹렬한 공격의 표적이 되었다. 모택동을 무너뜨리기 위한 쿠데타를 획책했다고 비난당했으며, 12월 4일, 모택동의 처 강청의 요청에 의해 체포되었다. 12월 18일, 북경의 노동자 운동장에서 팽진은 6시간도 넘게 여러 사람들 앞에서 망신을 당했다. 몇 명의 공범 피고들 역시 마찬가지였다. 운동장에서는 1만 명의 홍위병이 격분하여 집회를 열었고, 연단에 있는 지도자들이 그들을 북돋아 주고 있었다.

문화대혁명의 분석에서 정치적 동기(사실은 독재 권력을 목표로 한 격렬하고 추악한 분파투쟁), 문화적 동기(싸움의 뒷처리를 매듭짓는 연극으로서의 구실), 궁정 음모(강청의 복수) 중 어느 것을 고려하는가에 의해, 팽진이 실각한 사건은 가지각색으로 해석할 수 있다. 강청은 북경의 이름있는 경극 무대에서 혁명적인 오페라를 상연하자고 팽진에게 여러번 되풀이하여 부탁했지만, 그는 그때마다 그녀를 쫓아냈다. 강청의 전기 작가 중 한 사람인 비트케에 의하면, 강청은 어느 연회도중 오페라 대본을 손에 들고 팽진의 곁으로 가서 자기 손으로 고친 것을 공연해 주었으면 한다고 요구했다. 팽진은 부인의 손으로부터 대본을 뺏어 멀리 던져 버리고, 언젠가 또 그러한 의사표시를 하는 날엔 "강경한 입장을 취하겠다"고 강청에게 충고했다. 운명의 장난인가, 모택동의 처가 그와같은 굴복적인 처사를 겪은 지 1년도 채 못되어, 팽진 자신이 북경의 운동장에서 강청의 발아래 무릎꿇는 신세가 되었다.

팽진은 혁명기 수년 동안 행한 대다수의 숙청이나 약식 재판의 책임자였다. 이 당시 그가 경극의 진정한 옹호자였는가, 그렇지 않으면 강청의 음모에 맞섰던

1. 신화사, 1958년.
2. 『중국』(프랑스어판) 제11호(1976년). 설명문에는 "1958년, 모택동, 십삼릉 댐 건설공사 현장의 근로봉사에 참가"로 씌어 있다.

것뿐인가. 그 점은 판명되지 않았다. 강청이 오랫동안 그토록 경극을 보기 싫어하고, 끝내는 전통적인 공연 종목을 거의 완전히 말살하기까지 이른 것은 정확히 어떤 이유에서인가, 그것 역시 알 수가 없다.

여하튼, 미래의 댐 건설 토목공사에 몰두해 있는 무리들에 섞여 모택동과 팽진이 힘을 합하고 있는 이 교훈적인 장면에서, 문화대혁명이 시작된 후에 남겨진 것은 강청의 한을 풀기에 적합하게 세공한 사진뿐이었다. 앞쪽에는 모택동 혼자서만 삽질을 하고 있고, 팽진은 군중 속으로 사라져 없어져 버렸다. 그의 바지, 심지어 셔츠의 구김살까지도 가까이에 공산당 모자를 쓴 인물의 옷을 꾸미는 재료로 활용되었다. 사진의 프레임이 약간 모택동 쪽으로 옮겨졌다. 모택동과 팽진은 황토 한 삽을 바구니에 쏟아붓고 있는데, 구도를 가볍게 하기 위해 그 바구니를 잡고 있던 사람의 얼굴과 어깨를 잘라 버렸다. 그리고 또 한 부분을 고쳤다. 즉 모택동의 머리 바로 위에 보이는 인물이 뒤집어쓰고 있는 베레모가 챙달린 모자로 변해 있는 것이다. 원래의 모자는 소련군 병사들이 쓰는 것이었던 것 같다. 이 사진의 첫번째 판과 두번째 판 사이의 시기에 중소관계가 악화되어, 러시아인 기술자가 철수하고 주은래가 제22차 소련 공산당대회를 비방하였다. 그리하여, 1963년 여름의 위기가 발생하게 되었던 것이다.

■ 지프에 올라서

1966년 여름, 모택동은 중국 전역으로부터 북경으로 모여든 홍위병(紅衛兵)을 열병했다. 모택동 사망 직후인 1976년말, 모택동을 추모하는 사진집이나 잡지 특집호에 이 당시를 보여주는 삽화 사진이 실렸다. 그 1년 후, 같은 사진이 다시 게재되었다. 그러나 이번에는 지프에 타고 있는 인물이 한 사람 더 늘었다. 1976년말에서 77년 중엽 사이에, '4인방'이 밀려나고 강청에 의해 희생된 자들 중 여러 사람이 복권되었다. 팽진의 경우도 그러했다. 원래의 북경 시장은 공적인 장소에 다시 등장하게 되고, 동시에 삭제되었던 사진에도 되돌아왔다. 이 사진은 1966년 겨울, 그가 실각당하기 전에 마지막으로 몇 번 공식석상에 나타난 것을 촬영한 사진들 가운데 하나였던 것이다. 어쨌든 그는 이 사진에서는 모택동 옆자리로 되돌아와 있다.

1. 『중국문학』(프랑스어판) 제11-12호(1976년), 및
『중국』(프랑스어판) 제11호(1976년).
2. 『중국』(프랑스어판) 및 『민족화보』 제8호(1977년).

■ 중국의 흐루시초프를 지워 버리다

유소기(劉召奇)는, 1927년 이래 중앙위원회의
일원이었으며, 모택동의 뒤를 이어받아 중화인민공화국
주석의 지위에 올랐다. 명망높은 이론가인 그는,
소비에트 연방정부에 상당히 가까운 입장이었다. 그러나
문화대혁명 당시에 실권파로서 맹렬한 공격을 받았다.
1968년, '중국의 흐루시초프'라고 고발당해 모든
직무에서 해임되었으며, 감옥에 갇히고 고문당하다가,
1969년 11월에 끝내 옥중에서 사망했다. 모택동이 죽고
'4인방'이 밀려난 뒤, 중국의 신문 잡지에 그의 이름과
그림이 되돌아왔다. 문화대혁명 사이에 수십 장의
사진에서 유소기의 모습이 지워졌지만, 여기에 게재된
사진은 특히 어처구니없게 수정된 것이다. 원판에서도
유소기는 뒤쪽으로 물러나 있는데, 핀트가 영 안 맞아서
어디가 누군지 알 수 없다. 그러나 삭제권을 휘두르는
권력은, 형체도 채 이루지 못한 단편마저 지워
버림으로써 그 전능함을 최후까지 과시했다. 수정
담당자가 익도하는 바는 반드시 그 목표를 찾아내고 만다.

1. 1945년 4월, 연안. 『중국』(프랑스어판) 제7호(1981년).
2. 『중국』(프랑스어판) 제1호(1977년).

■ 공식 초상사진

1949년부터 76년까지, 중국에는 모택동의 공식 초상사진이 여러 종 있었다. 마지막 초상사진은 60년대초에 촬영한 것이다. 약간 군살이 붙어 있는 매끈매끈한 얼굴에선 어떤 감정도 엿보이지 않는다. 빗질하여 곱게 매만진 머리카락이 넓은 이마를 후광처럼 둘러싸고 있다. 간행물에 따라 배경이 흰 것, 검은 것 등 여러가지이며, 수평 방향이 약간 틀어짐에 따라 얼굴이 여위어 보이기도 하고 반대로 살쪄 보이기도 한다. 그러나 언제나 같은 얼굴, 같은 배경, 같은 상의를 입는 것이었다. 깃은 상의에 합쳐 재색 실로 봉했고, 네 개의 둥근 단추 또한 꼭 들어맞게 빈틈이 없이 채워져 있다. 필시, 기초가 된 것은 한 장의 사진이다. 그것이 몇 년 사이에 고쳐 그려지고, 늘어나고 손으로 인화되거나, 모든 종류의 방식을 이용하여 기계로 인화되거나 했으며, 종종 채색되기도 했다. 나중에는 거대한 포스터판으로도 인쇄되었다. 이러한 끊임없는 수정의 마지막 명료한 실마리를 보도록 하자. 1976년말에 모택동이 사망하자마자 공표된 초상사진—배경은 흰색이고 얼굴은 수척한—의 경우, 셔츠 깃의 하얀 테두리가 수정되어 있다. 그때까지의 판에는 한쪽 깃이 약간 어긋나 있었던 것이다. 독재자의 우상은 끊임없이 관심의 대상이 되어 개선되고 애정을 들여 갈고 닦여져서, 모델이 사망했을 때 그 최후의, 이 하잘것없는 부분을 조금 고침으로써 결정적으로, 완벽하게, 숭엄하기조차 한 균형을 갖추는 데 도달했던 것이다.

1. 『모택동 군사저작집』(북경, 1964)의 첫머리에 있는 그림.
2. 『민족화보』제11호(1976년), 표지.

毛澤東

■ 벗들에게 둘러싸여서

〈1959년, 아시아·아프리카·라틴아메리카의 벗들에게 둘러싸여 있는 모(毛)
주석〉. 촬영자 호우포(侯波)라고 씌어 있는 이 사진은 1959년부터 76년 사이에
여러번 발표되었다. 매우 기분 좋은 얼굴을 한 모택동을 에워싼, 이국적이며
밝고 쾌활한 모습의 사람들 한 무리가 찍혀 있다. 제3세계 사람들의 이
쾌활함에 어느 정도 억지웃음이 보인다고는 해도, 언뜻 보기에 아무런 잘못된
점이 없는 사진이다. 이 당시, 아프리카나 라틴아메리카의 관료, 정당이나
노동조합의 대표자, 지식인·학생 등이 수천 명씩이나 북경에 초치되어
호화로운 환영연, 대단히 규모가 큰 잔치, 끝이 없는 관광여행을 즐겼다.
주석과 함께 기념사진을 찍는 것은 이런 마라톤식 순례여행의 정해진 행사
가운데 하나였다. 안산(鞍山)의 제철소, 대한(大寒)의 모델 농업생산대대,
홍기용수로(紅旗用水路) 견학과 동렬에 속하는 행사였던 것이다. 1976년 9월
9일, 모택동이 사망했다. 화보 잡지『중국』특별호의 영어판이 몇 주 후에
간행되었는데, 이 시기에 관한 삽화로서 이 사진이 선택되었다. 며칠 후, 같은
잡지의 프랑스어판이 나왔다. 이 사이에 '4인방'이 밀려났고, 특별호 사진 몇
장도 바뀌어 있다. 이 그림은 '4인방'과 관계있는 것은 분명 아닌 듯한데,
그럼에도 불구하고 기묘하게 수정된 상태로 실렸다. 트리밍되고, 11명의
인물이 지워졌다. 12번째 인물, 즉 모택동의 왼쪽 약간 뒤에 있던 인물은
삭제돼 버리고 이외에도 이런저런 부분이 빈틈없이 칠해져 있다. 사진 왼쪽
아랫부분에 있는 인물의 얼굴 윤곽, 화면 오른쪽 검은 수트 입은 인물의 어깨에
얹혀 있는 손가락 사이에 끼어 있던 담배, 왼쪽에 있는 여인의 드레스 모양 등이
고쳐졌다. 그리고, 아마도 몇 사람의 인물을 고의적으로 지웠음을 증명하는
것이라고 생각되는데, 프레임을 이동시키면 반만 남게 되어 있는 오른쪽
아랫부분에 있는 인물을 오려내어 왼쪽으로 당겨 얼굴이 다 나오도록 해놓았다.
23명이었던 사진으로부터 11명뿐인 다른 사진을 만들어낸 것이다. 어째서
이렇게 프레임을 이동시켜 말소하였는가. 우리로서는 알 수가 없다.
이러저러한 인물들을, 음모라든지 '4인방'의 계획 중 하나라든지 하는 것에
조금이라도 결부시킬 수 없고, 이 인물들을 주석의 사후의 명성을 흐려 놓은 몇
가지 역사적 사실 같은 것들에 관련시키는 것도 불가능하다. 여기에는 필시,
그물코를 이루며 확대되는 비교적(秘敎的)인 암시가 잠재해 있는 것 같다. 이
사진이 나온 시기에는 그러한 암시가 미쳐야 할 상대에게 어김없이 다다르곤
했던 것이다. 물론, 순수하게 미학적으로 미비한 곳을 고친 것이라는 견해도
고려에 넣지 않을 일이 아니다.

1. 호우포의 사진. 최초의 판은 좀더 큰 것으로서 『중국
사진』(프랑스어판)(북경, 1963)에 실려 있다. 트리밍한 두번째
판(여기에서 보인 것)은 『중국(화보)』(영어판) 제11호(1976년)에
게재되었다.

2. 『민족화보』제11호(1976년) 및 『중국』(프랑스어판)
제11호(1976년).

■ '가장 가까운 전우'

문화대혁명기의 몽타주 사진 가운데 연안에서의 모택동과 임표(林彪)가 찍혀 있는 것이 몇 장 있다. 사실 연안 시대의 사진 중에서 이 두 사람이 나란히 있는 것은 단 한 점도 없다. 두 사람이 함께 찍은 단체사진 자체가 몇 점 되지 않으며, 대부분 뚝 떨어져 서 있다.

임표는 1959년 이래 육군 책임자였는데, 팽덕(彭德)을 안성마춤으로 밀어낸 후 육군을 모택동에게 봉사하는 정치적 군대로 변화시켰다. 문화대혁명 시기에는 '모 주석의 가장 가까운 전우이자 후계자'가 되었다. 그 시기에 이 우정, 이 친밀함, 이 육친 같은 관계가 항일전쟁 당시까지 거슬러올라가는 것임을 보여주고자 몇 개의 자료를 마련했다.

이 몽타주 사진의 경우(2,3), 모택동의 실루엣은 1936년에 보안(保安)에서 촬영한 사진(님 웨일즈가 촬영)(1)으로부터 따온 것이다. 임표의 실루엣은 같은 시리즈에 속하는 사진 원판 가운데, 팽덕이 각료들과 함께 찍은 것을 기초로 한 것 같다. 별 특징 없는 나뭇잎들을 배경으로 삼아 합성했다.

문화대혁명 이래, 모택동의 모든 공식 사진에는 임표도 함께 찍혀 있다. 예를 들면, 1970년에 모택동이 에드가 스노와 만나서 이야기할 때, 임표가 모택동의 옆자리에서 『모택동 어록』이라는 작고 빨간 책을 받쳐들고 있는 사진이 있다(4). 그러나 같은해, 공화국 주석의 지위를 교묘하게 가로채려 획책하던 임표는, 중앙위원회내에서 소수파로 밀려나고 말았다(1970년 8-9월). 1971년 9월, 그는 불가해한 상황하에서 행방불명되었다. 1971년 8월까지도 그의 모습이 신문 잡지에 실렸었으나 별안간 모든 곳에서 자취를 감춰 버렸다. 이전에 찍은 사진이 반출될 경우에는 수정이 가해져 트리밍되곤 하였다. 모택동과 에드가 스노와의 회견 상황을 찍은 이 사진에서 역시 어김없이 그런 방법이 사용되었다(5).

1. 헬렌 호스타 스노(님 웨일즈)가 1936년에 보안에서 찍은 사진.
「중국의 붉은 별」(1937년, 앞의 책)에 처음 발표(앞서 말한 대로 이
사진도 1937년, 38년판에서는 보이지 않고, 72년 개정증보판에 나와
있다).
2. 신화사, 1966~68년경.
3. 신화사, 1969~70년경.

4. 『사진으로 보는 중국근대사』(1980년, 앞의 책).
5. 『사진으로 보는 중국근대사』(1980년, 앞의 책).

■ '4인방'

모택동이 1976년 9월 9일 사망했다. 9월 18일, 중국의
지도자들이 천안문 위에 올라가 매우 많은 군중들 앞에서
모택동의 영령에 3분간 묵념을 올렸다. 일렬로 서 있는
20명 정도의 주요인물의 사진이 중국이나 외국의 모든
신문 잡지에 게재되었다.

이 의식이 있은 지 며칠 후, 중국의 새로운 지도자
화국봉(華國鋒)에 의해, 극좌 모택동파가 소수파의
위치로 밀려나게 되었다. 미망인인 강청과 '상해 그룹'의
3인, 즉 요문원(姚文元), 장춘교(張春橋),
왕홍문(王洪文) 등이 '4인방'이라 지명되어 새로운
정권에 의해 불구대천의 적으로 낙인찍혔으며, 모든
편향, 모든 음모의 상징이 되었다.

1976년 11월에는, 중국인도 외국인 관찰자도 '4인방'의
모습이 공식적 사진으로부터 지워져 버렸다는 것을
눈치챘다. 소련이나 중국의 몇몇 사진에서는 지도자들의
실루엣을 잘라내고 줄을 채워 넣는 일이 몇 번이고
반복하여 일어났었지만, 이 사진의 경우에는 네 명의
실루엣을 지워서 배경에 섞어 넣어 버렸다. 조작을
숨기려고 한 기미도 보이지 않는다. 숨기기는 커녕
지웠다는 것을 더욱 명료하게 보이려고나 한 것처럼 네
명이 서 있던 장소를 뻐끔히 공백인 채로 남겨
놓았다(설명문에는 그들의 이름 대신에 XXX라고 씌어
있다). 새 정부의 정통성을 주장하고, 그 힘과 굴하지
않는 거만함을 과시할 뿐 아니라 그림에 대한 절대권력을
드러내 보임으로써 으름장을 놓고자 한 처사인 것이다.

1. 『북경 정보(情報)』(프랑스어판) 제38호(1976년 9월 20일자).
2. 『중국』(프랑스어판) 제11호(1976년). 장례식 때의 다른 사진 두
점은 수정되어 있다.

189

■ 망각의 기행

모택동의 처 역시 역사서적의 사진으로부터 이 사람 저
사람을 말살시키는 데 전념한 듯하다. 새 정부가 제일
먼저 행한 일 중 하나는, 이번에는 그녀를 지워 버리는
일이었다. 이 유명한 사진의 경우도 그렇다. 모택동이
보병으로 이루어진 소분견대의 한가운데서 작고 하얀
말에 올라타고 협서(狹西) 북부를 기행하고 있다.
1947년의 일이다. 그 뒤쪽에 역시 말을 탄 자세인
강청(江靑)의 호리호리한 실루엣이 보인다. 1976년
11월, 노 독재자가 사망하고 '4인방'이 실각한 지 며칠
지났을까 말까 한 사이에, 이 사진이 약간 수정된 상태로
잡지에 실렸다. 강청은 배경을 이루는 구릉 속으로 섞여
들어가 보이지 않게 되었다. 모택동의 작은 백마는
박제가 되어 연안(延安)에 있는 박물관 유리상자에
오늘날까지 잘 보관되어 있다. 그 박물관에 가면, 이
고쳐진 사진도 볼 수 있다. 이 사진은 오늘날의
중국에서, 혁명전쟁의 상징이 되어 있다. 더구나 경우에
따라서는 12년이나 빠른 연대를 붙이고 '장정중인
모택동'이라는 설명문을 첨부해 놓은 것도 있어 사람들을
헷갈리게 만든다.

1. 촬영자 불명. 연안박물관. 여러 출판물들에 실림.
2. 『민족화보』 제11호(1976년). 『중국문학』(프랑스어판)
제11-12호(1976년). 『사진으로 보는 중국근대사』(1980년, 앞의 책).

'쿠'로부터 프라하의 '봄'까지

　1948년 2월. 체코슬로바키아 공산당은 당시의 정치 위기를 이용하여 권력을 탈취했다. 이것이 바로 이후 서방세계에서 '프라하의 쿠데타'라고 부르게 된 사건이다. 이 사건은 참으로 '냉전'의 기폭제였다. 며칠 사이에, 체코의 당이든 슬로바키아의 당이든 공산당 이외의 모든 정당을 정부로부터 밀어냈으며, 마침내 활동을 금지시켰다. 국경은 폐쇄하였다. 체코슬로바키아는 클레멘트 고트발트의 지도 아래 소비에트 블록에 속하는 인민민주주의 국가가 되었다. 신문의 논조는 복종을 강요했으며, 검열이 확산되었다. 수천 명의 반대파가 감옥에 갇혔다. 이윽고 파상(派狀)재판을 시작하고 수용소를 만들었다. 먼저 정치적 반대파를, 이어서 성직자들을 제거했다. 군에 대한 숙청을 단행했다. 그러다가 별안간, 이번에는 내부에서, 정부와 공산당의 대열 가운데에서 '변절자', '티토파', '아메리카의 스파이', '시오니스트'가 발각되었다고 소동을 벌였다. 이윽고 몇몇 사람이 뽑혀 나왔고 집요한 공격의 화살을 받았다. 그들은 고문당하고, 광신도로 변한 군중 앞에 끌려 나가 끝없는 공개재판에 시달려야 했으며, 믿어지지 않을 정도의 모범적인 자백을 강요받았다. 그리고 이 불가사의한 제의적 연출의 희생자 대부분이 사형을 선고받았다. 그들의 모습은 역사 서적의 사진들로부터 당장 지워졌다. 반면, 고트발트와 그 측근들의 모습은 근사하게 고쳐져서 그 곁에 있던 사악한 패거리들로부터 따로 떼내어졌다.

　1968년. '프라하의 봄'은 다른 어느 인민민주주의 국가에서도 전례를 찾아볼 수 없는 민주화의 물결이었다. 그러나 체코 영토에 소련 탱크가 난입하면서, 질서는 다시 바로잡혔다. 그후 수개월간 모든 분야에 걸쳐—사진 분야도 포함하여—'정상화' 작업이 실시되었다. '프라하의 봄'의 확신에 찼던 수주일간은 신문 잡지가 상대적인 자유를 누린 기간이었는데, 이때 체코의 언론인들이 선두에 서서 직접 해낸 일들이 몇 가지 있다. 이미 알려져 있는 엄청나게 많은 사진들을, 원판에 의한 것과 수정판에 의한 것 둘을 나란히 발표한 일이었다. 동구 여러 나라에서 동란이 많이 일어난 연대기 중에서도 유례없는 사실이었는데, 그 봄 체코 국민들은 자기 나라의 역사가 위조된 사실을 발견하고 망연자실하지 않을 수 없었다.

■ 클레멘티스에 대한 집요한 공격

1948년 2월 21일, 프라하, 구 시가광장. 정치 위기의
막이 내렸다. 하루 전, 비공산당 각료 11명이 제출한
사표를 수리하고, 클레멘트 고트발트 수상은
행동위원회를 결성할 것을 호소했다. 사직한 각료들의
혐의는 총선거를 예정보다 앞당겨 실시하려 했다는
것이었다. 고트발트와 체코 공산당은 이미 수개월
전부터 경찰에 대한 침투공작을 착실히 진행시켜
프라하를 완전히 장악하고 있었다. 그들은 이러한
상황을 이용하여 국민을 동원하고 신문 잡지를
통제하였으며, 모든 반대를 봉쇄하였다. 그리고 대규모
시위를 끊임없이 벌인 끝에 정권 탈취에 성공했다. 1월
25일, 새 정부를 구성했는데, 전원 공산주의자나 그
동조자들로 구성하였다. 다만 한 명의 비공산주의자
얀 마사리크만은 외무부 장관 자리에 유임됐다. 그는
체코슬로바키아를 독립으로 이끌고 공화국 초대
대통령을 지낸 토마스 G. 마사리크의 아들이었다. 그후
2주간 동안 그는 자기 주변에서 진행되는 사태들을
바라보면서 점점 의기소침해질 수밖에 없었다. 3월
10일, 그는 변사체로 발견된다. 자살인가, 아니면 경찰에
의한 범행인가. 진상은 끝내 밝혀지지 않았다. 이런
사건은 마사리크 한 명으로 끝나지 않았다. 자살한 자와
처형된 자의 긴 명단이 뒤를 이었다. 1948년에는
대대적인 숙청('부르주아' 정당들의 제거)이
일어났는데, 그후 정계의 '쿠'와 일벌백계(一罰白戒)
식의 대규모 재판이 물밀 듯이 열리고, 잇달아 형이
확정되었다(1949년 1월 피카 장군을 비롯한 군부
지도자들. 50년 6월 호라코바 그룹 재판. 50년 12월
가톨릭 고위 성직자 재판. 51년 2월 슬링 지도하의
정보망 '발각'. 51년 9월에서 52년 12월에 걸친 슬란스키
및 '그룹'에 대한 해임 체포 고문 재판 처형. 53년 5월
12일 슬란스키 외에 '공범자들'에 대한 재판. 54년 4월

1. 체코의 신문 잡지. 월터 스톰 저 『위기』(영어판) (프라하, 1948).
매우 비슷한 판을 소책자 『1948년 2월 사건』(프랑스어판) (프라하,
1948년 5월)에서 볼 수 있다.

슬로바키아 '부르주아' 민족주의자에 대한 재판).

2월 21일에 있는 역사적인 호소에 관한 사진에는 고트발트와 나란히 블라디미르 클레멘티스의 모습이 보인다(마이크에 약간 가려져 있는, 모자 쓴 남자)(1). 클레멘티스는 슬로바키아의 지식인으로서 체코 공산당 중앙위원회의 일원이고, 구 정부에서 외무 사무차관이라는 지위에 있다가 새 내각에서 외무장관의 직무를 담당하게 된 사람이다. 1952년 2월, 그는 슬란스키 사건에 연루되어 '적과 모의했다'는 죄를 물어 사형을 선고받았다. 그리고 52년 12월 3일, 11명의 피고와 함께 교수형에 처해졌다. 그후 클레멘티스는 모든 사진에서 지워졌다. 고트발트 뒤편의 배경을 빈틈없이 빽빽이 칠해서 사진기자를 지우고, 마이크 다발을 고트발트 쪽으로 당겨서 클레멘티스의 얼굴을 덮어 가려 버렸다(3). 다른 각도에서 촬영한 사진(2)에서는 고트발트의 모습만을 남겨 두었다. 더구나 사진을 거꾸로 인화하여 클레멘티스의 얼굴을 잿빛 안개 속으로 섞어넣어 버림으로써 어느 누구도 알아볼 수 없게 하였다(4).

2. 바츨라프 후사 저 『체코슬로바키아사』 (프라하, 1961).
3. 1953년의 수정판. 프라하, K. 고트발트 박물관 소장.
4. 케렐 쿠랄 저 『노동과 평화의 나라, 체코슬로바키아』 (프랑스어판) (프라하, 1953). 야로슬라프 드볼자체크 및 안토닌 노바크 공저 『신생 체코슬로바키아 10년』 (프랑스어판) (프라하, 1955). 프라하의 K. 고트발트 박물관에도 소장되어 있다. 이것은 2번 사진과 같은 각도에서 찍은 것이지만, 체코의 서적들에는 거꾸로 인화된 채 인쇄되어 있다.

■ 연단에서 자취를 감춘 사람들

1948년 2월 25일, 프라하의 어느 연단. 고트발트 측근인 몇몇 지도자가 성 바츨라프 광장에 모여든 군중을 향해 차례대로 연설하고 있다(1). 발언자 중에 왼쪽으로부터 바클라프 고페키(그는 그날 정보상에 취임하여 신문 잡지의 검열과 사진의 변조를 취급하는 담당자가 되었다), 요제프 크로스나르(프라하 시 공산당 중앙위원회 위원장), 즈데네크 네예들리 교수(교육상으로서, 다음날부터 재빨리 맹렬한 교원 숙청을 단행했다. 그의 첫 임무 가운데 하나는 전국 모든 교실에 스탈린의 초상사진을 빠짐없이 걸게 하는 것이었다)가 보인다. 4년 후, 정보상은 이 당시 참가자들의 운명에 더욱 걸맞는 사진을 발표했다(2). 앞쪽에 보이던 다섯 개의 모자가 없어졌다. 배경의 차양 아래부터는 네 명의 주요인물 뒤쪽에 보이던 얼굴과 모자가 잘려 나가 거의 보이지 않게 되었고, 완전히 보이던 두 개의 얼굴까지 지워져 버렸다. 그 가운데 하나는 마리 슈베르모바의 얼굴이다. 그녀는 저항운동중에 죽은 어느 지도자의 미망인이자 프라하 선출대의원이었다. 3년도 채 흐르지 않은 51년 2월, 오토 슬링이 고트발트를 제거하기 위해 기도했다고 일컬어지는 '음모'에 참여했다는 혐의로 고발되었다. 그녀는 감옥에 갇혀 고문당하고 1956년에 석방되어 63년에는 권리를 회복했다. 그러나 68년 사건으로부터 2년이 지난 뒤 다시금 당으로부터 제명이 확정되었다.

같은 집회 때 촬영한 또 한 장의 사진에는 마이크를
향하고 있는 네예들리의 옆모습이 보인다. 그리고
사진기자 쪽으로 얼굴을 향한 장교 한 명도 찍혀
있다(3). 아마 루드빅 스보보다 국방상의 참모장인
보세크 장군일 것이다. 보세크는 스보보다와 마찬가지로
친소비에트적인 사람으로서 '쿠' 동안에도 충실한
태도를 보였다. 그러나 얼마 지나지 않아 그는 해임되고
체포당해 옥중에서 사망하였다. 이 외에도 군 간부 몇
사람이 날조된 재판 끝에 처형당했다. 이런 재판이
1948년부터 52년까지 끊임없이 계속되었다. 그리고 그들
간부들은, 보세크와 마찬가지로, 역사 서적의 주요한
사진들로부터 지워졌다. 예를 들어, 이 사진을 뜯어 고쳐
변조한 판에는(4) 연단 위에 네예들리만이 찍혀 있을
뿐이다. 장교는 그의 외투와 군모·단추·혁대와 함께 연단
가장자리에 서 있는 붉은 기의 주름 속으로 완벽하게
녹아 들어가 버렸던 것이다.

1·3. 체코의 신문 잡지. 1948년 2월.
2·4. 수정판은 프라하의 K.고트발트 박물관에 있다. 2월 사진 당시,
연단 위의 광경을 찍은 여러 점의 수정된 사진이 미로슬라프 부체크의
저작 『1948년 2월의 프라하』(프라하, 1963)에 수록되어 있다.

■ 사회민주주의자의 귀국

지금까지, 소비에트 연방과 마찬가지로 체코슬로바키아에서도 수정하여 변조한 사건은 새 정부의 것만이 아니다. 과거의 역사를 현재의 방침에 합치시키기 위하여 수정을 행해왔다. 1945년 5월, 슬로바키아의 고시체—당시 소연방의 점령지대—로부터 사람들 한 무리가 프라하로 돌아오는 모습을 찍은, 흔히 볼 수 있는 보도사진이 한 장 있다. 사진 중앙에는 그때까지 소련 대사였던 즈데네크 힐링겔이 찍혀 있다. 두세 명의 인물을 지우고 뒤쪽에 있는 남자의 군모를 삭제하여 수정했다.

힐링겔은 사회당 총재였지만 숨은 공산당원으로 간주되던 인물로서, 1945년부터 46년까지 수상 지위에 있었다. 사회민주당이 해산되어 공산당과 합병할 당시 정치국의 주요 책임자였다. 그는 양다리 걸치기를 잘해낸 덕분에 1964년까지 중요부서를 두루 역임할 수 있었을 뿐 아니라 사진에 덮어씌운 회색칠 가운데서 그 혼자만 부상할 수 있었다.

1. 1968년 체코 신문기자들이 발표.
2. 즈데네크 힐링겔의 저작 『뮌헨에서 고시체로, 1939~45년』(프라하, 1946). 이외에도 몇 점의 사진이 훗날 삭제되는 쓰라림을 당하는데, 그 가운데 이 귀국 정경을 다른 각도에서 찍은 사진이 한 점 있다.

■ 서명하는 고트발트

이 장면은 1948년 7월 27일에 촬영한 것이다. 그로부터
1개월 전 에두아르 베네시 대통령은 공산당이 제안한 새
헌법을 인정하지 않고 사직했다(그후 3개월이 채
지나기도 전에 사망했다). 즉시 클레멘트 고트발트가 그
뒤를 이어 대통령이 되었다. 그는 '프라하의 쿠' 이래 그
당시까지 수상 직무를 담당하고 있었던 것이다. 이
사진은 고트발트가 협동조합법에 서명하는 장면을
촬영한 것이다. 그의 주위에는 협동조합 중앙평의회
의장인 즈메르할(왼쪽)과 2년 계획 책임자인
우트라타(왼쪽, 안경 낀 사람)가 있다. 이 사진의 경우,
수정의 동기는 단지 의례적인 것 이상은 아니었던 것
같다. 아마도 어수선하고 혼잡스러운 사진으로는
의식다운 엄숙한 분위기가 생겨나지 않기 때문에 꼭
필요한 인물만 남겨 두고는 빈틈없이 덧칠해 버린 것일
것이다. 그러나 이 삭제에는 어떤 조짐이 예고되고 있다.
왜냐하면 우트라타는 1952년의 전격 재판, 전격 처형의
와중에 제거될 운명이었기 때문이다.

이 수정을 맡은 담당 기사는 네 사람의 인물 뒤에 가려져
있던 무대장치를 복원해냈다. 궁전 벽의 금박칠, 벽걸이
전등, 등불빛을 반사하고 있는 아름다운 마호가니 책상,
로코코풍의 거울 장식, 심지어는 거울에 비친 빛
그림자의 수수께끼처럼 어렴풋한 깊이까지도.

1. 원판에 의한 사진은 1968년 체코의 신문기자들이 공개.
2. 수정판은 프라하의 K.고트발트 박물관 및 마르크스-레닌주의
연구소 자료실에 있다.

■ 열차에서 내려서다

'프라하의 쿠'가 일어난 지 며칠 되지도 않아서부터
체코슬로바키아에서는 숙청과 약식 처형이 비밀리에
시작되었다. 재빠르게도 5월에는 더욱 괄목할 만한
재판이 시작되었다. 신문들은 일제히 목소리를 높이며
머리기사로 다루었다.─'조국의 반역자에게 선고',
'슬로바키아에서 대규모 스파이 사건', '테러리스트
집단 구속', '그들은 서방 제국주의에 매수되어 공화국을
파괴하려고 노리고 있다', '민중이여 ! 대역죄를
심판하라' 등등.

수천 명이 체포되었고, 조직적으로 계획된 재판이 수백
차례 열렸다. 형무소는 사람들로 꽉 차 터져나갈
듯했으며, 처형이 줄을 이었다. 맨 먼저 제거된 사람들
중에는 징고르 소좌나 피카 장군처럼 반나치투쟁에
참가한 군인들도 있었다. 신(新) 공산정권은 군간부들
가운데 조금이라도 개성이 강하고 언젠가 독재에
대항할지도 모른다고 생각되는 사람들을 수개월에 걸쳐
모조리 제거해 버렸던 것이다.

이러한 사실을 증명하는 사진이 여러 개 있는데, 여기서
그 중 한 점을 살펴보기로 하자. 이 사진은 1948년에
클레멘트 고트발트가 슬로바키아를 순회하고 있을 때
찍은 것이다. 당시 수상자리에 있던 고트발트가 막
열차에서 내려 양탄자를 딛고 서 있다. 뒤쪽에 몇 명의
인물들이 보이는데, 그 중에도 하원의장인 오토
욘(오른쪽)의 모습이 눈에 띈다. 바로 그해에 고급 장교
몇 명이 어쩐지 미심쩍은 반체제적 존재로 찍히게
됐는데, 아마도 그 중 한 명이 사진에 나온 모양이다.
검열자는 그 성가신 배경을 지워 버렸다. 그리하여
고트발트는 권력의 성스러운 유아독존의 경지에
도달하게 되었다. 보기 흉하게 올라가 있던 그의 오른쪽
코트의 소매도 차제에 바로잡았다.

1. 1968년에 신문기자들이 공개한
원판에 의한 사진.
2. 프라하, K. 고트발트 박물관 및
CTK통신.

■ 체르닌 궁에서의 환영회

이 사진은 당시 소비에트 연방 국방상이었던 불가닌 원수가 인솔하는 소련 대표단을 프라하에서 열린 환영회에 초치한 때를 찍은 것이다. 지금 막 클레멘트 고트발트 대통령이 당당한 체구의 여인과 함께 홀 안으로 발을 들여놓고 있다. 원수 일행은 뒤쳐져서 들어오고 있다. 그러나, 설사 위성국의 신문지상이라 할지라도, 그리고 그가 소비에트 연방 각료인 원수라 할지라도 한 발자국 뒤에 있는 모습을 싣는다는 것은 결단코 있을 수 없는 일이었다. 당시의 체코 신문들은 배경을 빽빽이 칠해서 그들을 암흑의 커튼 속으로 보내 버려야겠다고 판단했다. 그리하여 트리밍을 하고, 또 한 명의 인물—그녀는 새로 만든 그림 가장자리에서 고트발트 부인과 친한 듯한 모습을 하고 있었기 때문에, 고트발트 부처(夫妻)의 사고무친한 외로움에 손상을 입히지 않을 수 없었다—마저 도려냈다. 사진을 이렇게 고쳐서 발표했다.

참으로 평범하기 그지없는 사진이다. 1950년에 체르닌 궁에서 열린 공식 연회의 순간을 포착한 스틸 사진일 뿐이다. 누가 그 사진의 진실성 여부를 의심하겠는가? 이 사진을 수정한 것은 검열 때문이 아니었다. 소련 각료들을 지워 없애기 위한 것도 아니었다. 단지 그것은 고트발트가 등장한 이상 그의 주변을 그 지위에 걸맞는 상태(경우에 따라서는 다른 사진으로)로 한정할 필요가 있었기 때문이다.

1. 체코의 신문기자들이 1968년에 공표한 원판에 의한 사진.
2. 프라하, K.고트발트 박물관. CTK통신.

■ 행진과 경례

1951년, 체코의 클레멘트 고트발트 대통령은 소련
원수이자 드페르 전투의 승리자인 코네프를 프라하에
맞아들였다. 육군이 열병 행진하자, 두 사람은 연단 위에
나란히 서서 경례하였다. 그런데 이 무훈에 빛나는
원수가 새끼 손가락을 약간 벌리고 있었던 것이다 ! 수정
담당자는 그의 손과 팔목을 잘라내 버렸다. 그러자니
당연히 고트발트의 손까지도 잘라 버리지 않을 수 없게
되었다. 차제에 보기 싫게 감겨 있던 고네프의 눈도
강제로 약간 벌려 놓았다. 이렇게 하여 신문 잡지에는
대부분 눈을 수정한 그림이 실렸다. 참으로 흔히 있는
일인 만큼 이론의 여지가 없는 그림인 것이다.

1. 체코의 신문기자들이 1968년에 공개한 원판에 의한 사진.
2. CTK통신 및 타스 통신(1951년).

■ 프라하의 봄

1968년 3월 30일, 프라하. 성 비투스 대성당 건너편 흐라드친 성에서의 공식 행사. 머지않아 국민의회 의장이 될 예정인 요제프 스므르코프스키, 1월 5일부터 공산당 서기장이 된 알렉산드르 두브체크, 바로 그날 대통령으로 갓 임명된 루드빅 스보보다가 나란히 서 있다. 이 세 사람은 최근 몇 주 동안 체코슬로바키아에서 가장 인기좋은 정치가가 되었다. 안토닌 노보트니를 타도할 정도로 거센 자유주의 물결을 이 세 사람이 대표하고 있었던 것이다. 노보트니는 1953년에 고트발트의 뒤를 이어 당 수뇌부가 되었고, 이어서 자포토키의 뒤를 이어 대통령이 된 인물로서 인민민주주의 정치체제의 가장 경직된 지도자 가운데 한 사람이었다. 그는 1967년에 학생들을 가혹하게 탄압하고 저술들을 공격했으며 일체의 경제개혁에 반대하였다. 그것이 너무 지나친 나머지 그는 동구 최초로 정권의 붕괴를 자초한 사람이 되고 말았던 것이다. 그리하여 두브체크하에서 일종의 민주주의 복구가 시도되었다. 새 정부는 양심·집회·결사·왕래의 자유, 파업권, 사법부의 독립을 보증했다. 이것이 바로 '프라하의 봄'으로서, 이와 함께 그간 발휘되지 못했던 창조성과 지성이 폭발하듯 터져 나왔다. 신문·잡지·공개토론·라디오 토론이 활기를 띠었다. 그러나 반면, 소비에트의 신문 잡지들은 맹렬한 공격을 퍼붓기 시작했으며, 체코의 새 정치체제가 '사회주의의 적'을 이롭게 하는 것이라고 마구 비난했다. 5월, 6월이 되면서 점점 긴장이 고조되었다. 7월, 레오니드 브레즈네프를 비롯한 동구 여러 나라의 '형제당'들이 위협을 가해왔다. 7월 23일, 소련 예비군이 다시 소집되고 신문 논조가 곱절이나 공격적이 되었다. 8월 20일, 기갑부대가 국경을 뚫었다. 8월 21일 새벽, 낙하산을 타고 온 군인들이 두브체크, 스므르코프스키, 체르닉을 납치하여 비행기에 태우고는 소련의 어느 비밀 형무소로 빼돌렸다. 스보보다는 흐라드친 성에 가둬 두었다. 스보보다는 즉각 두브체크 석방을 위한 교섭을 벌였고, 8월 26일에 모스크바 협정이 성립되었다. 이어서 '정상화'가 진행되었다. 즉, 소련군 점령하에서 사회주의 질서가 재건된 것이다. 수천 명의 국민이 체코를 떠나고 공무원 수천 명이 직장을 잃었다. 수많은 사람들이 소추당하고 감옥에 갇혔다. 50만 당원이 제명되었다. 검열은 다시 확산되었다. 구스타프 후사크는 가장 인기좋은 지도자들을 밖으로 쫓아 버렸다. 후사크는 1년 전만 해도 '프라하의 봄'을 옹호했지만 이제는 체코슬로바키아의 '정상화'의 제1인자가 되고자 날뛰었다. 두브체크는 당 간부회의 및 의회에서 제명당하고 대사 자격으로 터키로

1. 체코의 신문 잡지, 1968년 4월 첫째 주.
2. 수정판은 1969년 이후에 유포되었다. CTK통신.

보내졌다. 그러나 그는 임지에 귀양와서도 의연하게 처신함으로써 너무도 크나큰 존경을 한몸에 받았다. 그는 다시 소환되어 지방으로 쫓겨나 하급 노동(운전기사, 정원사 등등)을 해야만 했다.

'정상화'는 사진에도 역시 영향을 미쳤다. 예를 들면, 1968년 봄에 프라하의 세 남자가 모여 있는 장면의 경우, 1969년 이후로는 교묘하게 손질된 판만이 검열을 통과할 수 있게 되었다. 두브체크는 지워져 버렸다. 스보보다는 스므르코프스키 쪽으로 바짝 당겨져 있다. 이렇게 만들기 위해서, 세심한 주의를 기울여 건물들 사이를 잘라내고 마치 극장 무대장치처럼 사진의 두 부분을 자연스럽게 접근시켜 놓았다. 안쪽에 있던 건물을 앞으로 밀어내 성 비투스 대성당의 정면 일부를 가리고 원근법을 이용해 마무리했다(그러나 광장의 포장은 그 훌륭한 짜임새가 흐트러졌고, 스므르코프스키는 아직도 스보보다보다 훨씬 뒤로 물러나 있다). 그리고 두브체크는 스보보다 뒤쪽 비밀스럽게 접혀진 부분에서 교묘하게 가위질하여 얼버무려 버렸다. 역사의 함정으로 빠져들어가 버린 것이다. 다만, 그의 오른쪽 구두의 콧등만이 잘려 나가지 않은 채 남아 있다.

아시아인의 생활과 전투

'디엔 비엔 푸'는 대전투라기보다는 제국주의 나라들과 제3세계 나라들이 관계한 획기적인 정치사건이었다. 아직 문서나 사진에 대한 관리가 전국적으로 확립되지 않았을 뿐 아니라 전쟁이 한창 진행되는 와중에서도, 디엔 비엔 푸 전투 직후에 사진기자나 영화인들은 재빨리 이 전통적 전투에 관한 많은 작품을 만들어냈다.

그후에도 여기저기서 전형적인 사진 조작과 맞닥뜨리게 된다. 제2차 베트남전쟁중에도 마찬가지였는데, 이때는 아메리카측과 북베트남측이 선전면에서도 경쟁을 벌였다. 또 그 밖의 교전국들도 책략 세우기에 골몰하면서 이러한 조작을 시도했다. 예를 들어 캄보디아의 경우에는, 크메르 루즈가 당치도 않은 학살을 계속하면서 새로운 형태의 인민민주주의를 수립하는 중이었던 것이다.

또한 김일성(金日成)의 북조선에서는 사진의 수정이나 위조가 국가적 제도의 위치에까지 올랐다. 국가원수를 완전히 살아 있는 신으로 받들어 모시고 그 영광을 찬양하는 문서나 그림을 생산하는 작업은, 스탈린이나 모택동이 범했던 개인숭배의 최악의 수준을 능가하는 것이었다.

■ 사진이 말하는 '인류의 태양'의 교훈적 전기

김일성은 가장 수수께끼로 가득 찬 정치가 중 한 사람이다. 열광적인 찬사를 늘어 놓은 전기가 수천 페이지에 달하지만, 실제 그의 경력은 밝혀지지 않은 것 투성이다. 중류계급 출신으로서, 소비에트로 도망가 그곳에서 조선병 부대를 결성하여 스탈린그라드에서 싸웠다. 1945년, 중국 공산당의 계획을 방해하기 위해 스탈린이 그를 조선에 보냈으며, 소련의 후원에 힘입어 그는 북조선 정부의 지도자가 되었다. 1950년에 그가 남조선을 침공하여 전쟁이 일어났는데, 미군이 개입하여 3년간 계속 싸웠다. 김일성은 중소분쟁 당시에는 태도를 유보했지만, 중국과 소련을 본보기로 삼아 그때까지는 찾아볼 수 없었던, 정상궤도를 벗어난 '개인숭배'를 자기 나라에 전파시켰다. 각지의 박물관은 그의 영예를 찬미하는 판넬로 가득 차서 터질 듯하다. '인류의 태양'의 소지품이었다는 물건들이 종류를 불문하고 유리상자에 넣어져 있다. 그의 경력을 풀어 보여줄 만한 사진이 별로 없으므로 하이퍼 리얼리즘에 의한 거대한 벽화를 진열함으로써 그것을 보충하였다. 그곳에는 마주보는 것에 필적하는 상승과정을 훌륭히 장식한—아마 그 대부분은 가공인—삽화 여러 개가 그려져 있다. 또한 사진이라고 제시되어 있는 그림들 중 다수는 흑백의 두 가지 색으로 그린 회화를 방불케 한다. 몇몇 그림은 실물의 초상사진에 근거하여 그린 것이지만, 그 밖의 몇 점은 아무래도 분명 모조품인 것 같다.

1·2. 『불굴의 혁명적 전사 김일성 수령 동지』(프랑스어판), 평양, 1970.
3. 『김일성 전기』(프랑스어판), 파리, 1973.
4. 초상화, 1960.
5. 『항일투쟁사』 평양, 1969.
6. 초상화, 1970.

■ 논둑길에 선 '위대한 수령'

북조선의 어느 소책자는 김일성 사진을 싣고 다음과 같이 설명해
놓았다. "'위대한 수령' 김일성 동지께서 매년 풍부한 수확을
거둬들이는 용천평야에서 농민들과 기쁨을 함께 하고 계시다"(1).
위대한 지도자가 만면에 웃음을 가득 머금고 벼를 좌우로 헤치면서
나아가고 있다. 뒤쪽에는 아마도 경호인·부관·비서와 시중드는
사람들이 따르고 있었을 것이다. 설명문에 나온 농민들도 있었을
것이다. 그러나 수행원들은 모두 지워져 버렸다. 다만 완전히
지워지지는 않아서, 인체의 실루엣이 김일성을 둘러싸고 후광처럼
비추고 있다. 손 하나가 그의 뒤편에 노출돼 있다. 김일성은 풍작을
약속한 작물 위쪽에 둥둥 떠가고 있고, 작물은 지평선 속으로 어울려
들어가는 데 그 지평선 자체가 녹아내려 있다. 북조선에서 사진과,
사진을 대신하는 하이퍼 리얼리즘 회화는 완벽한 예술적 경지에
이르러 있는 설명문 덕분에 세상에 둘도 없이 중요한 작품이 된다.
예를 들면, "위대한 수령이시며 애정이 넘치는 아버지이신 김일성
동지께서는 청산리 '주체사상의 발상지'에서, 명석을 깐 탈곡장에
소탈하게 앉으시어 농민들과 함께 농작업이나 그들의 생활 태도에
대해 이야기 나누셨다"(2) 등등. 이 외에도 엄청나게 많다. "수령,
김일성 동지께서는 조국 건설의 고매한 이상으로 물든 부친
김향직의 권총을 지금 막 어머니로부터 전해 받고 계시다", "위대한
전략가이시며 철의 의지를 지니시고 신망 높은 불패의 사령관이신
김일성 동지께서 지금 대부대의 방향 전환작전을 지휘하고 계시다",
"경애하는 '지도자' 김일성 동지께서 1956년 12월의 조선노동당
중앙위원회 전체회의의 결정을 실행에 옮기기 위하여 영웅적 투쟁을
강화하자고 호소하시며 강선제철소 현장에서 지도에
임하고 계시다."

1·2. 『조선혁명박물관』(프랑스어판, 평양, 1978). 3권으로 된 『전기』(프랑스어판)
제3권(베이루트, 1973) 및 『김일성 동지 혁명활동 약사』(1973년, 앞의 책)에서 1번
사진의 수정되지 않은 판을 볼 수 있다.
2. "경애하는 수령 김일성 동지께서 청산리를 방문하셔서 농민들과 추수와 그들의
생활에 대해 말씀하고 계시다."

2   Le camarade Kim Il Sung, grand Leader, partageant la joie des paysans
sur la plaine d'Ontcheun qui donne chaque année une récolte abondante.

A Tcheungsan-ri, assis sans façon dans une aire de battage couverte d'une natte, le camarade Kim Il Sung,
Leader et père affectueux, a discuté avec les paysans des travaux agricoles et de leur ménage.

■ 빛나는 세계적 영향력

평양에 있는 '당창립 박물관'에도 '조선혁명박물관'에도 "경애하는 '지도자'이시며 위대한 사상가·이론가"인 인물이 세운 빛나는 사상의 세계적 영향력을 과시하기 위하여 여러 개의 공간이 마련되어 있다. 수천 권의 책—수많은 문학 작품, 방대한 김일성 전기(2,200페이지) 등인데 세계 모든 나라 말로 번역되어 있다. 지구상 모든 나라의 신문들에서 오려낸 수천 편의 전면(全面) 기사—거기에는 칭송받는 논설문·연설문 들의 전문(全文)이나 열띤 대화의 앞머리에 '민족의 태양'의 얼굴이 나와 있다—등, 박물관 유리상자 안에는 『르 몽드』가 있는가 하면 『뉴욕 타임즈』도 있고, 『아사히(朝日) 신문』, 『가제트 드 로잔』도 있고, 『엑스프레스』도 『타임즈 오브 실론』도 있다. "세계 여러 나라의 신문 잡지가 김일성 동지의 천재적 사업에 대해 전적인 지지를 표명하고 있다"고 설명문에 씌어 있다. 김일성의 아들 김정일—'비범한 통찰력을 지니신 걸출한 사상가'—은 1970년대 말경부터 전세계 신문 잡지의 주목을 끌기 시작했다. 또 김일성의 아버지 김형직—'불굴의 항일 혁명무사'—까지도 독일·영국·아프리카의 여러 신문의 대형 기사 가운데서 향기를 풍기고 있다. 평양에 있는 이 박물관들을 찾는 인민들은 신문 잡지가 1926년에 죽은 한 남자의 생애를 그로부터 반 세기가 지난 후부터야 언급하고 있는 데 놀랐을까. 그렇게도 많은 신문이 그들의 '위대한 지도자'를 상기하고 있는 것을 경이롭게 여겼을까. 이 전면 기사들의 윗부분에 때때로 '전면광고'라고 씌어 있는 것을 과연 읽을 수나 있었던 것일까. 위와 같은 의문을 품은 이유는, 많은 기사들이 세계 각국의 수도에서 엄청나게 비싼 값을 치르고 게재한 광고이며, 수많은 책들이 분명 모든 나라 언어로 번역되기는 하였으나 북조선에서 그 비용을 대서 출판한 것들이기 때문이다. 신문사나 출판사는 대개 가난하기 때문에 이미 만들어진 연설이나 인터뷰 기사를 실어 주는 대가로 북조선 외교관들이 안겨 주는, 섭섭하지 않을 정도로 상당한 금액을 뿌리칠 수 없었던 것이다. 이 계획이 절정에 달한 것은 1968년부터 78년에 걸쳐서인데, 널리 여러 나라에 걸쳐 활약하는 외교관들이 이 광고를 위해 지출한 돈이 국가예산의 상당 비중을 차지하였다. 외교관들은 이 광고를 게재한 대가로 엄청난 외국 환어음을 쏟아붓는 데 온힘을 기울인 나머지, 그에 필적하는 정열을 발휘하여 마약·담배·브랜디를 취급하지 않으면 안 되었다. 그 결과 1976년에는 외교관의 불법행위가 수십 건이나 드러나는 사태가 벌어지기도 했다. 개미떼의 움직임과도 같은 이 활동의 결과 박물관

『조선혁명박물관』(1978년, 앞의 책).

유리상자에는 『프랑스 소왈』, 『타임즈』, 『인터내셔널 헤랄드 트리뷴』 등의
지면이 나란히 놓여 있다. 북조선 인민들은 그 문장을 읽는 것 자체가
불가능하기 때문에 거기에 있는 것이 자신들의 '위대한 조련사'의
초상사진임만 한눈에 알아보는 것이다.

■ 죽었을 뻔한 남자, 구엔 반 베

제2차 베트남전쟁(1957-75년) 기간 동안, 상대국끼리 치열한 선전전을 펼쳤다. 북베트남 정부도 아메리카 군정보부도 데마고기(선전, 선동)·헛소문·눈속임용 사진·위조문서 등을 대량 살포했다. 그 중에서도 뛰어나게 기묘한 것 중 하나가, 자신도 모르게 영웅이 된 스무살의 청년, 구엔 반 베에 관한 이야기이다. 그 이야기는 1966년 가을, 하노이의 『선구자』라는 신문에 실린 것이다. 구엔 반 베는 메콩 삼각주 출신의 빈농으로서 베트콩에 참가하여 '열성적인 혁명사업'의 모범을 보였다고 한다. 1966년 5월 30일, 미안 부근에서 탄약을 운반하던 중 체포되어 미군에게 심문을 당하게 되었다. 그는 지뢰 하나를 꽉 움켜쥐었다. 그리고는 머리 위로 높이 지뢰를 치켜들고 눈을 형형하게 빛내면서 소리쳤다. "민족해방전선 만세. 미제국주의자 타도 !"(…) 적군 장병 69명이 죽었다. 그 가운데 미군 병사 12명(1명은 육군 대위), 괴뢰군(남베트남군) 장교 20명이 포함되어 있다. 북베트남에서는 여러 권의 소책자, 각 신문의 기사, 여러 편의 시, 몇 편의 연극 각본, 거듭되는 라디오 방송, 한 편의 오페라가 이 '순국의 영웅'에게 바쳐졌다. 적어도 두 구 이상의 동상이 세워졌다.

1967년 2월, 남베트남에 있는 어느 형무소에 신문이나 소책자에 실린 것과 매우 비슷하게 생긴 남자 포로가 있다는 사실을 간수가 눈치챘다. 간수는 상사에게 보고했다. 그 포로는 바로 구엔 반 베였다. 운하로 몰래 숨어들어 물밑 수영으로 도망치려던 것을 남베트남 군인이 머리채를 휘어잡아 체포했던 것이다. 그는 기자회견장에 끌려나왔다. 미군측은 이 사건에 덤벼들어 아메리카 식으로 이용했다. 1967년 7월까지만도 전단 3천만 장, 소책자 7백 권, 포스터 46만 5천 매, 신문 호외 17만 5천 부, 사진 16만 7천 장, 영화 여러 편, 라디오 및 텔레비전 방송 수차례. 북베트남측 역시 가만히 있지만은 않았다. 영웅의 '전사(戰死)' 기념일인 5월 30일, 수백만의 북베트남 청년들이 각지에서 거대한 포럼을 열었다. 세번째 동상이 제막되고 두꺼운 책이 간행되었다. 신문과 라디오는 미군측의 위조 행위를 맹비난하면서, 자칭 구엔 반 베는 허리우드 식으로 성형수술하여 조작한 것이라고까지 주장했다. 1967년 7월, 공산정권은 사기극의 진상을 폭로하는 자에게 2백만 피아스톨(약 8만 프랑)을 상금으로 주겠다고 약속했다. 구엔 반 베가 태어난 마을 주변에서는 그를 알고 있는 증인 몇 사람이 자취를 감췄다. 가족들은 압박받았다. 그리고 해마다 영웅의 순국 기념일 행사는 끊임없이 열렸다. 남베트남이 '해방'되고 사이공이 함락된 후(1975년 4월 30일), 그가 어떻게 되었는지는 전혀 알려지지 않았다.

미군측이 뿌린 전단에는 구엔 반 베가 『선구자』 1966년 12월자를 읽고 있는 모습이 똑똑히 실려 있다. 그가 들고 있는 신문에는 자기 자신의 사진이 영웅의 수훈에 관한 긴 해설 기사와 함께 제1면에 게재되어 있다. 전단은 이렇게 설명하고 있다. "공산측의 말에 의하면 베는 영웅적으로 죽었다고 한다. 그러나 베의 말로는 그는 한 번도 발포한 적이 없으며, 지뢰를 어떻게 폭파시키는 것인지조차 알지 못한다고 한다."(자료 출처—미국, JUSPAO, 전단 제66호)

■ 크메르 루즈의 연출

1972년. 키우 삼판이 이끄는 캄보디아 민족통일전선은 세계적으로
자신의 정통성을 입증하고자 했다. 그들은 또 다음과 같은 점들도
아울러 입증하고자 했다. 아메리카 제국주의에 대한 투쟁을
계속하면서도 현재 북경에 망명중인 시아누크 전하의 권위를
인정한다는 것, 그들이 분명히 캄보디아 영토의 정글 안에 있으며
미국이 주장하듯이 타이 국경에서 몸조심이나 하며 틀어박혀 있지는
않다는 것이었다. 그리하여 그들은 사진집을 만들어 시아누크에게
보냈다. 거기에는 정글의 오두막에서 각의가 열린 모습이라든가
크메르 루즈의 지도자 다섯 명이 여러 '해방' 지대에서 작전 지시를
내리는 장면들이 실려 있었다. 그런데, 어느 사진을 보더라도
똑같은 수풀, 겨우 위치만 바꿔 놓은 똑같은 오두막, 같은 풍경,
같은 옷들과 맞닥뜨리게 되는 것이었다. 그리고 이 일련의 사진
전체가 안전하고 쾌적한 장소에서 한결같이 엑스트라를 시켜서 행한
당치도 않은 연출 작품이라는 것은 한눈에 알아볼 수 있을 정도였다.
훈련하는 모습을 소개하는 사진도 몇 페이지를 차지하고 있는데,
이번에는 같은 군인이 같은 복장으로 같은 무기를 들고, 바야흐로
'적군을 향해 돌격하려는' 장면들을 볼 수 있었다.

3년 후, 크메르 루즈는 프놈펜에 입성(1975년 4월 17일)하여, 환자를
포함한 주민 모두를 시외로 내쫓고 부상자들을 찔러 죽였으며,
주민들을 농촌으로 보내 거기서 엄청난 사람들을 학살했다. 크메르
루즈의 지배는 1979년 1월까지 계속되었는데, 마침 그때 베트남군이
국경을 넘어 쳐들어왔다. 폴 포트파 정부가 캄보디아에 수립한 것은
일종의 농촌 공산주의였는데, 그것은 강제 노동, 전통사회의 거의
완전한 파괴, 주민의 상당 부분에 대한 계획적·체계적 절멸을
동반하는 것이었다. 가장 신뢰할 만한 전문가들이 제시하는 숫자에
의하면, 죽은 사람이 50만 명에서 200만 명에 이른다고 한다.

『캄보디아 영토 안에 있는 크메르 저항운동 지도자 및 민족연합왕정부
각료』(영어판) 1972년, 캄보디아 민족해방전선이 발행한 소책자.

■ 디엔 비엔 푸 : 군인 역할의 엑스트라

1954년 봄, 디엔 비엔 푸 전투. 인도지나전쟁은 1946년부터 계속되고 있었다. 프랑스 군대가 맞서고 있는 상대는 잡기 어려운 빨치산 무리였다. 드 라트르 장군, 뒤이어 살란 장군이 지휘 책임을 맡고서 베트남의 공세를 일시 저지시키기도 하였으나, 전쟁은 여전히 계속되었다. 살란의 뒤를 이은 나바르 장군은 1953년 11월, 통킹 고지의 디엔 비엔 푸에 광대한 진지를 구축하기로 결정했다. 베트남의 자푸 장군은 화물 운송인 수만 명을 동원하여 밤중에 자전거로 자재를 운반했다. 그리고 장병 3만 5천 명과 중포 부대로 진지를 포위하는 데 성공했다. 1954년 3월 13일, 공격이 개시되었다. 57일간의 저항 끝에 프랑스군 진지는 함락당했다. 자푸 장군의 이 승리가 완전히 결정적인 것은 아니었지만 그 심리적 충격은 쌍방 모두에게 막대한 것이었다. 프랑스 본국에서는 그 사건으로 인해 정부가 무너지고 강화 교섭이 가속화되었으며, 베트남에서는 이 승리가 모든 해방 투쟁의 상징으로 간주되었다.

베트남측은 이 역사적 전투와 5월 8일의 승리를 전하는 사진을 대량 내보냈다. 대부분 재구성한 것이었다. 자재 운반 (3)장면이며, 공격하는 베트남 장병 (4)의 모습 등은 낮에 촬영한 것인데 실제 전투는 모두 밤에 이뤄졌다. 진지 중앙의 요새를 최종 공격하는 모습을 담은 보도사진이라는 것도 있다(5). 이 정경들은 모두 다 전쟁이 끝나고 한참 지난 뒤에 찍은 것들이다. '드 카스트리 장군, 참모부 전원과 함께 항복'이라는 설명문이 덧붙여진 사진 역시 마찬가지다. 그것도 실은 며칠 지난 뒤에 촬영한 것으로서 장교들은 그때 이미 포로가 되어 있었다. 포로가 된 프랑스 병사들의 대열을 찍은 사진('수비대의 생존자는 전원 항복했다')은 5월 14일 재구성에 즈음하여 촬영한 것이다(2). 소련 영화인인 로만 카르멘이 그 지역에 왔다. 베트남 군대의 지휘관들은 포로들을 모아 몇 개의 대오로 나눈 뒤 카메라를 설치해 놓고 포로들이 성벽 앞을 계속해서 몇 번이고 행진하도록 강요했다. 같은해 5월 중순경, 디엔 비엔 푸의 승리로부터 일주일쯤 지나서, 카르멘은 드 카스트리 장군의 지휘소 지붕에 베트남 깃발을 내리꽂는 장면을 촬영했다(1). 전투의 여러 국면들을 재구성하기 위해 카르멘과 베트남 영화인들은 갖가지 광경들을 촬영했다. 재구성에 즈음하여, 군인 역의 엑스트라 출연을 승낙한 것은 프랑스인 포로 몇 명과 주로 알제리아인 보충병들이었다.

1·2·3. 보 구엔 자푸 장군의 저서 『디엔 비엔 푸』(프랑스어판, 초판, 하노이, 1959. 제2판, 1964년) 및 『인민이 무장한 인민전쟁』(프랑스어판, 하노이, 1961)에 실렸던 사진.

4·5. 1980년경, 프랑스 주재 북베트남 대사관이
보급한 사진. 1964년 5월 8일, 비자르 장군이 프랑스
텔레비전에 출연하여 영화 해설. 카르멘과 베트남
영화인이 촬영한 이 거짓 장면들의 일부가 1984년
3, 4월 프랑스 텔레비전에서 방영한 『앙리 드 쥐렌느』
시리즈 「17세기 프랑스 명장의 이름을 딴
프로그램」에 이용된 것을 계기로 격렬한 논쟁이
불붙기 시작했다.

발칸 혁명

  사진에 대한 검열·통제 체계는 1930년대에 소련에서 정비하고 완성한 것인데, 제2차 세계대전 이후 유럽에 수립된 모든 인민민주주의 국가로 퍼져나갔다. 소련인 고문이 새 정부를 도와 정보성이나 선전성 내부에 전문 부서를 만들어 주는 경우도 자주 있었다.

  헝가리·폴란드·동독·체코슬로바키아·불가리아·루마니아·유고슬라비아·알바니아 등에 사상·정보의 통제권을 장악한 견고한 관료 조직이 만들어졌다. 이 나라들 가운데에는 소비에트 연방과 결별하고 더 나아가 항쟁 상태에 돌입한 경우도 있지만, 그런 경우에도 정치 체제가 근본적으로 문제시된 것은 아니었다. 이 나라들 어디에서든 정보·출판·선전·검열에 관한 동일한 중앙집권기구가 눈에 띈다. 더구나 그 기구들은 그 형태에 차이는 있을지라도 대개 '개인숭배'로 귀결되었다. 국가원수는 천명을 부여받은 인물이었고, 그를 중심으로 하여 역사·정치·문화생활 등 모든 것이 질서정연하게 정리되었다. 지난날 전사였던 인물의 전설적 생애와 그가 구현하고 있는 민족의 운명 사이에 역사적 연속성이 확고함을 증명하기 위해 여러가지 그림들이 재구성되었다. 경쟁자들이 차차 밀려나고 연달아 들고 나는 불가해한 역사적 전기가 도래하고 실패와 모순이 중첩되기 때문에 사진은 역사의 끊임없는 개정 작업에 깊숙이 관여했다. 역사를 개정하는 작업이 그 나라들의 주요한 문화활동의 일부를 이루고 있었다.

■ 레닌의 관에 바짝 다가간 디미트로프

1924년 1월. 레닌이 운명했다. 장례에 즈음하여 가족·친지·볼셰비키·혁명가들이 관 주위로 다가섰다. 그 속에는 게오르기 디미트로프라는 불가리아인도 있었다. 그는 불가리아 국민회의 대의원이던 젊은 시절, 평화주의라는 이유로 1915년에서 17년까지 감옥에 갇혔었다. 1920년, 불가리아 공산당의 조직자로서 그는 레닌을 만난다. 1923년 노동자 폭동 이후 사형을 선고받은 그는 22년간 망명생활을 하였는데, 그 대부분을 모스크바에서 지냈다. 1933년에는 베를린에 있었는데, 국회의사당 방화사건을 사주했다는 혐의로 나치스에 의해 고소당했다. 유럽 전역을 떠들썩하게 만든 그 유명한 재판 결과, 그는 무죄를 선고받고 석방되었다. 1945년, 그는 모스크바로 돌아와 소련군과 함께 간신히 불가리아로 되돌아갔다.

디미트로프가 죽은 후 그를 찬미하는 여러 권의 책 가운데 레닌 장례식에 참가했을 때의 모습이 나온다. 디미트로프를 다른 혁명가들과 동렬에 위치시키기 위해, 모인 사람들 중 몇 명을 빼냈고 그를 스탈린 가까이로 바짝 당겨 놓았다. 그러나 같은 저작임에도 불구하고 비스탈린화 시대에 간행한 책을 보면, 이 사진은 물론 스탈린과 함께 찍은 다른 모든 사진들을 모조리 없애 버렸다.

1. 기노프로니카사가 제작에 착수한 뉴스영화의 특별호 「레닌 장례식」의 한 장면(1924년 2월초).
2. 『게오르기 디미트로프, 1882-1949년』(소피아, 1958).

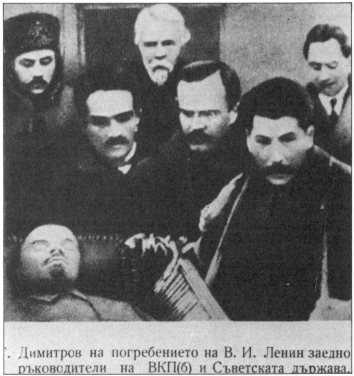

Димитров на погребението на В. И. Ленин заедно
ръководители на ВКП(б) и Съветската държава.

231

■ 분수 앞에서

1944년 9월, 모스크바. 줄곧 소비에트 연방에 망명해
있던 디미트로프가 이곳 모스크바의 어느 공원 분수
앞에서 포즈를 취하고 있다. 그를 둘러싸고 바실
코마로프(앞줄 왼쪽), 디미트리 가네프(앞줄 오른쪽),
게오르기 다미아노프(뒷줄 왼쪽), 빌코 체르벤코프(뒷줄
오른쪽)로 구성된 '각료'가 있다. 디미트로프는 전쟁이
끝난 후 소피아로 돌아와 수상에 임명되었으나 1949년
모스크바 여행 도중 사망했다. 의형제이던 체르벤코프가
후계자가 되었다. 신임 지도자는 맹렬한 당내 숙청을
단행했다(1949년 12월, 코스토프 재판). 소련
지도자들의 기초에 좋은 것이라고는 하지만 그는 중국형
내지 알바니아형 발전의 길로 불가리아를 지나치게
몰아넣었다. 그리하여 1961년 11월말, 그는 토도르
지프코프가 보고서를 읽은 뒤 당에서 쫓겨났다. 그의
모습은 여러 간행물로부터 삭제되었다. 이 사진의
경우에도, 그의 자리를 대신하여 공원에 있는 나무
잎사귀가 그려 넣어져 있다. 더욱이 구도의 균형을
맞추기 위해 트리밍하는 바람에 충실한 가네프까지
동시에 오려내 버리지 않을 수 없었다.

1. 『게오르기 디미트로프, 1882-1949년』(1958년, 앞의 책).
2. 루카 즈람스키, 게오르기 스토이체프 공저, 『군(君)과 나와
디미트로프』(소피아, 1968).

■ 꼴사나운 마이크

1946년 1월 31일, 소피아. 국립극장 광장에서 열린
집회에서 전시 부당취득 재산몰수법이 발표되었다. 정부
수반인 게오르기 디미트로프는 당중앙위원회의 젊은
위원의 연설을 듣고 있다. 여러 해가 지나, 불가리아
공산당 서기 토도르 지프코프는 모스크바의 조언에
의거하여 국가원수 빌코 체르벤코프를 해임하고 정권을
탈취했다(1961년). 그리고 흐루시초프의 승인을 얻어
수상으로 임명되었다(1962년). 이 사진에는 미래의
지도자가 찍혀 있고, 따라서 나중에 그의 전기 삽화로
쓰여질 것이기 때문에 손질을 가했다. 지프코프의
얼굴을 가린 마이크를 치우고, 그와 디미트로프 사이에
있던 사람을 지웠다. 이리하여 지프코프의 얼굴이
복원되었고, 두 명의 역사적인 지도자 사이의
연속성이 확립되었다.

1. 루카 즈랍스키, 게오르기 스토이체프 공저, 앞의 책(1968년).
2. 『토도르 지프코프—전기적 소묘』(영어판) (소피아, 1981).

■ 티토, 막료들을 잘라내다

1944년, 지하활동중에 촬영한 사진. 비스 섬의 동굴 안에서 열린 유고슬라비아 해방군 참모부 비밀회의. 요시프 브로즈 티토가 막료들에게 둘러싸인 채 사진 중앙에 찍혀 있다. 그 왼쪽에 블라디미르 보카리츠, 이반 미르치노비치, 에드바드 카델리가 있고, 오른쪽에 엘렉산드르 랑코비치, 부크마노비치 뎀포, 미로반 지라스가 있다. 지라스가 제명된(1954년) 후 그를 잘라내 버린 판이 발견되었다. 지라스는 사진 오른쪽에 앉아 있었는데, 다섯 사람만 남기고 일부러 잘라냄으로써 한층 나무랄 데 없이 훌륭한 단체사진으로 만들었다. 그런데, 1966년에 랑코비치가 해임되었다. 그는 티토의 오른쪽 바로 곁에 있는 인물이다. 따라서 그를 빼면 사진 전체의 균형이 깨지고 만다. 그리하여, 1960년대 말기 유고슬라비아의 서적들에는 지도자 티토의 얼굴만이 남아 있게 된다.

1. 스베토자르 부크마노비치 템포 저 『진행중인 혁명, 회곡록』 (베오그라드, 1971).
2. 페로 모라카, 빅토르 쿠칸 공저 『유고슬라비아 인민의 전쟁과 혁명, 1941-45년』(프랑스어판) (봉기 20주년 기념, 베오그라드, 1961).

■ 술집 주인이 물고 있는 담배

엥베르 호자(1908-85년)는, 알바니아의 한 상인의
아들로서, 몽프리에와 파리에서 학업을 닦았다.
브뤼셀에 있는 알바니아 공사관 서기(1933년)로
일하다가 나중에 귀국하였다(1936년). 티라나에 있는
고등중학교, 이어 코르세의 프랑스어 고등중학교 교사로
있다가 정치 활동에 참여한 것이 발각나 면직당했다.
그는 티라나에 '플로러'라는 카페를 냈는데, 반파시즘
지식인과 선동가들의 집합 장소가 되었다(1939년).
1941년, 코민테른이 유고슬라비아에 보낸 파견원들은
여러 경향을 통합할 목적으로, 호자를 알바니아 공산당
서기에 임명하였다. 그후 그는 무장 저항운동 조직가의
한 사람이 되었다. 그리고 전쟁이 끝난 뒤 사회주의
알바니아의 절대적 지배자가 되었다. 오늘날의
역사가들이 조심스럽게 '플로러 상점'이라고 부르고
있는 장소에서 찍은 사진이 한 장 있는데, 그것은
수정되어 있다. 호자는 입에 담배를 물고 있었는데,
그것을 빼 버린 것이다. 빈정대는 듯한 웃음도 부드럽게
고치고, 상의의 깃을 조금 똑바로 폈다. 요컨대, 술집
주인이 장래의 국가원수로 변한 것이다.

  1. 1941년, 티라나에서 촬영. 『알바니아 인민민족해방 반파시즘 투쟁
소사(小史), 1939-44년』(프랑스어판) (파리, 1975).
  2. 『인민과 함께, 동지의 대열로』(티라나, 1983).

■ 발이 너무 많은 단체사진

사회주의 알바니아의 원수가 된 호자는, 유고슬라비아로부터 합병을 강요당함과 동시에 국내의 여러 반대파와 맞서지 않으면 안 되었다. 코치 호에 내무상은 경제협정(대(對) 유고, 1947-48년)을 지지했다. 저항운동 지도자의 한 사람인 나코 스피루는 이에 반대하여 자살했다. 얼마후, 스탈린과 티토가 절연함으로써 상황이 돌변했다. 호에는 사형을 선고받고 마침내 처형되었다(1949년). 1956년, 호자는 티토의 공격의 과녁이 되었으나, 공산권의 위기(헝가리 사건)를 이용하여 반대파를 모조리 숙청해 버렸다. 그 가운데는 공산당 여성 지도자인 리리 게가도 있었다(그녀는 임신중이었음에도 불구하고 총살당했다). 그는 이후 중국쪽으로 손을 뻗어 소비에트 연방의 공격에 맞섰다. 중국과 유고슬라비아간 우호관계가 회복된 후, 그는 조금씩 중국과 손을 끊기 시작하여, 국방상 베키르 발크를 해임하고(1975년), 이어서 참모장 페트리트 두메를(1976년), 이윽고 '친중국파' 각료들 모두를 해임하였다.

뒤이어, 가장 오랜 전우인 메후메트 쉐후 수상이 자살했다(1981년 12월). 다음해, 호자는 그의 저작 중 하나를 통해 설명했다. 쉐후는 유고슬라비아 연방으로부터 줄곧 돈을 받고 스파이 노릇을 해왔으며, 자기를 암살하려는 음모를 꾸몄다고.

이런 식으로 숙청을 계속하여 역사서적의 사진에서도 가혹하게 제거하였다. 예를 들면, 1975년부터 83년에 이르기까지 알바니아사(史) 사진집은 너댓 차례씩 판을 바꾸지 않으면 안 되었다. 발크·두메·쉐후의 모습을 삭제하고 새로운 후계 예정자 라미즈 알리아를 끼워 넣어야 했기 때문이다.

엥베르 호자의 생애를 말해 주는 여러 사진들 역시 다듬어지고 개정되었다. 박물관에 있는 것도 책에 실린 것도, 사진에 빈 자리들이 있다. 엥베르가 젊어서 고향인 지노카스테르 고등중학교에 다닐 무렵의 단체사진도 이러한 예 중의 하나다. 선생님들이 앞줄에 앉고 학생들은 뒷줄에 서 있다.

이 단체사진을 보면, 빈 자리가 두 군데 있음을 알 수 있다. 뒷배경이

Profesorë e nxënës të Liceut të Gjirokastrës. Nga e majta në të djathtë

엥베르 호자 저서 『청년 시대』(티라나, 1983).

되는 벽을 공들여 고쳐 그려서 두 명의 인물을 삭제하기는 하였는데,
그들의 발까지 지워 버리는 것은 잊어버렸던 것이다(중앙 부분의
아래쪽 및 오른쪽 가장자리의 의자 밑).

■ 사진 결혼

위대한 지도자의 전기에 들어갈 삽화 사진을 채택함에
있어서, 사진 수정 전문가는 남녀간의 정(情)까지도
빠뜨리지 않았다. 호자와 그의 처 네지뮤가 나란히 있다.
이 근사한 사진이 그 사실을 입증해 준다. 그런데,
사실상 호자의 실루엣은 1944년 8월, 헬메스에서
개최된 제1회 반파시스트 청년대회 때 찍은
단체사진에서 오려낸 것이다. 용모와 자세는 가다듬어
고쳤고, 좌우에 찍혀 있는 다른 사람들로부터 떼내기
위해 주위를 빈틈없이 칠해 버렸다. 그리고 다른 사진
위에 갖다 붙였다. 두 사진의 배경을 합쳐서 마무리짓기
위해 노력하였으나, 세로로 들어선 이음새가 확실하게
눈에 띈다.

『인민과 함께, 동지의 대열로』(1983년, 앞의 책).

■ 메이크업으로부터 말소로

알바니아 저항운동의 지도자 몇 사람이 호자를 둘러싸고
포즈를 취하고 있다. 라비노트 회의(1943년 3월 17-22일)
당시였다. 이 회의에 즈음하여 공산당은 투쟁을
조직하고 민족해방군을 창설하고 호자를 서기장으로
선출하였다. 이 사진은 알바니아에서는 꽤 유명한
것으로서 각지의 박물관에 전시되어 있다. 1976년에
간행된 어느 역사책에도 같은 사진이 또 실리게 되었다.
그런데 배본할 무렵이 되어, 이 사진 안에 있는 사람들
가운데 바람직스럽지 못한 인물이 한 명 있다는 것을
담당자가 알아차렸다. 바로 그 당시에 막 제명된
페트리트 두메 군참모장이었다. 그의 얼굴에 검은
잉크를 덧씌웠다. 책에는 그렇게 고친 사진을 실어
발매하였고, 외국으로 수출하기까지 하였다. 그후에도
이 사진은 계속해서 역사책에 실렸는데, 무대 장치를
고쳐 그려서 사람을 덮어씌워 버린 모양으로
뒤바뀌어 있었다.

1. 니드레시 프라사리, 시쿠리 발보라 공저 『알바니아 인민민족해방
반파시즘 투쟁사』(프랑스어판) 제1권(티라나, 1976).
2. 『인민과 함께, 동지의 대열로』(1983년, 앞의 책).

244

■ 대회 참석자 중 조그만 사람의 모습

1944년 5월 24일 페르메트. 대회가 열리고 해방투쟁을 완수할 임무를 띤 민족해방 반파시즘 평의회가 선출되었다. 이것은 사실상 알바니아에 인민민주주의가 탄생한 것임을 의미하는 것이었다. 1983년, 이 대회장을 찍은 사진이 어느 역사사진집에 실렸다. 원판에는 홀 깊숙한 곳에 검은 옷을 입은 사람이 있었는데, 이때 실린 사진에서는 그 사람이 지워지고 없다. 필시 메후메트 쉐후일 것이다. 그는 호자 아래서 수상직을 맡았던 사람인데 기묘하기 짝이 없는 음모사건에 휘말린 끝에 1981년 12월에 자살하고 말았다. 그 사람인지 아닌지 거의 알아볼 수조차 없을 정도로 조그맣게 나올 것을 꼭 지워 없애는 것이 과연 시의적절한 것이었는지도 의문이라고 생각할 수도 있을 것이다. 그러나, 사진 수정에는 독자적인 법칙이 있다. 그것은 수신인이 찾아낼 만한 것은 아무리 하찮은 것일지라도 지워 버려야 한다는 것이다.

1. 『알바니아 인민민족해방 반파시즘 투쟁 소사(小史), 1939-44년』(1975년, 앞의 책). 현명한 독자라면 이미 눈치챘겠지만, 실은 이 초판도 수정된 것이다. 서 있는 남자 곁에 있던 인물이 지워지고 없는 것이다. 분명 1945년에서 75년 사이에 숙청된 사람일 것이다.
2. 『인민과 함께, 동지의 대열로』(1983년, 앞의 책).

■ 날이 밝아서

1944년 11월 29일. 알바니아는 완전히 해방되었고,
호자는 티라나에서 연설하였다. 그가 마이크에 대고
연설하는 동안 그 곁에는 저항운동의 여러 지도자들이 서
있는 장면을 찍은 역사적인 사진(1)으로부터 여러가지
변종들이 생겨나게 되었다. 이 사진을 신중하게
손질하고 트리밍하여(2), 마침내는 다른 사람들을 모두
지워 버리고 마치 호자만이 알바니아를 해방시킨
주인공인 양 보이도록 수정하기에 이르른 것이다(3). 이
마지막 사진에는 다음과 같은 설명문이 첨가되어 있다.
"11월의 날이 밝아서 새시대가 도래함을 알려 주고
있다."

1. 『알바니아 인민민족해방 반파시즘 투쟁 소사(小史),
1939-44년』(1975년, 앞의 책).
2. 『인민과 함께, 동지의 대열로』(1983년, 앞의 책).
3. 『사회주의 알바니아 40년사』(티라나, 1984).

■ 레닌 묘소에 참배하다

호자가 스탈린을 찬미하기 위해서 쓴 책이 있다. 이 책에는 원래의 사진을 고쳐서 인물을 빼 버린 것이 있는가 하면, 몇 년 사이에 여러번 고친 사진도 눈에 띈다. 까닭없이 고친 것도 있고 보기에도 어처구니없는 것들도 있다. 호자가 레닌의 묘소에 꽃다발을 바치는 모습을 찍은 사진도 그 중 하나다. 새 판을 보면 쓸데없는 부분들이 지워져 있다. 무엇을 어떻게 손질했는지가 한눈에 드러나는데, 도무지 불필요한 수정이다. 이것만 보아도 전체주의 국가에서 사진을 얼마나 끊임없이 그림 손보듯 하는지 알 수 있다(하긴, 이 사진의 경우 지워져 버린 사람이 메후메트 쉐후인지도 모른다).

1. 『인민과 함께, 동지의 대열로』(1983년, 앞의 책).
2. 엥베르 호자 저 『회상, 스탈린과 함께』(프랑스어판) (티라나, 1984).

쿠바사(史)에 나타난 사진 조작

1959년 1월 2일 피델 카스트로가 승리하여 기세등등하게 하바나 시에 입성할 무렵, 그는 절대적인 민족적 위신과 호기심 섞인 국제적 호감을 한몸에 받고 있었다. 쿠바의 신문 잡지는 라틴아메리카에서 가장 풍부하고 변화가 많은 것이었지만, 대개 새로운 정치체제와 그의 개혁을 필수불가결한 것으로 보고 지지하는 쪽이었다. 그러나 좋은 기분도 잠시뿐, 그때까지만 해도 지나치게 많을 정도로 그지없이 다양한 조류 혹은 집단을 대표해 온 일간지·주간지·월간지 등 모든 신문 잡지에 대해 국유화와 재편성이 진행되었다. 2년도 채 지나기 전의 일이었다. 마침내 쿠바의 신문 잡지는 서너 종으로 줄어들어 버렸다.

단일 정당을 결성하여 처음에는 '통일사회주의혁명당'이라고 하다가 나중에는 '쿠바 공산당'이라는 더욱 산문적인 이름으로 고쳐 불렀다. 이 정당을 결성함과 동시에, 처음에는 반대파, 이어서 비(非)마르크스주의적 경향의 당파들을 밀어냈다. 때를 같이하여 국유화(농지개혁 1959년 6월, 설탕정제 1959년 8월, 석유 1959년 10월)에 대한 미국의 태도가 완강해지고 경제봉쇄 압력을 받게 되자 카스트로는 소련쪽으로 얼굴을 돌렸다.

피그만 상륙작전 실패(1961년 4월 16일) 이후, 그리고 미사일 위기(1962년 10월) 이후 쿠바와 소련의 관계는 더욱 본격화되어, 소련인 고문단이 쿠바 정부의 여러 부서를 도와 신문 잡지, 공문서, 정보의 관리에 참여하게 되었다. 혁명관계 기록 자료는 모두 공산당 및 내무성 역사연구소 관리하에 들어갔다. 그리하여 쿠바 사람들은 소비에트 연방에서 온 전문가로부터 사진 수정 요령을 배웠다. 쿠바혁명에 참가한 카스트로파 이외의 모든 조류, 일찍이 카스트로의 전우였지만 이제는 그에게 동조하지 않고 총살과 투옥과 망명을 선택한 사람들, 독재자의 가족이면서도 그와의 연대를 단절한 사람들, 쿠바에 머물면서 자신의 뜻에 반하여 탄압의 공범자가 된 후에 그 탄압에 항거하기 위해 자살을 선택할 수밖에 없었던 사람들 등등에 대해, 배운 바대로 사진 검열을 실시하였다.

또한, 다른 많은 전체주의 국가들에서 그랬던 것처럼 뒷돈을 주고 가족·동료 사이에서 불미스러운 내분을 일으켜 경쟁자 내지 반대파를 숙청한 흔적은 깨끗이 은폐해 버렸다. 이렇게 하여 여러 역사적 사건들이 그 진정한 의미를 완전히 왜곡당한 채 혁명의 신화로 취급되곤 하였다.

■ '반역자'

"1953년 10월 13일, 하바나에서 전하는 소식. 어제 내무대신은
몬카타 병영 사건과 관련하여 산티아고 재판소에서 유죄 판결을
받은 죄수 27명을 피네스 섬 국립형무소로 송치하기로 결정하였다."

이 신문기사는 간단하지만 명확했다. 게릴라전의 상징이 된 이 병영
습격사건 이후, 27명의 게릴라 전사가 살아남아 있었던 것이다.
형무소 생활 20개월, 1955년 5월 15일의 대석방으로 풀려난 피델
카스트로가 멕시코를 향해 출발. '7월 26일 운동'을 창립. 일단의
동지들과 그란마 호를 타고 귀국. 1956년 12월 2일, 어려운
상륙작전. 운동은 확대되고 정권은 무너져 독재자 바티스타는
도망치고 승리자 카스트로는 기세도 당당하게 하바나 시에
입성했다(1959년 1월 2일). 소비에트 연방과 동맹을 맺은 새
정치체제는 실로 급속히 독재화되었고, 카스트로의 오랜 벗들 중
많은 이들이 그에게 대항했다. 그들은 대부분 역사책의 사진들에서
지워졌다. 다만 피네스 섬의 형무소 뜰에서 찍은 사진(3)에서 몬카타
습격사건의 27명이 모두 나와 있다. 그러나 설명문에는 25명의
이름밖에 없다. 번호가 없는 두 남자, 에두아르도 몬타노와 마리오
차네스는 '혁명에 대한 반역자'라고 선고받았던 것이다. 몬타노는
망명하였고, 차네스는 매맞고 고문당하고 1986년 현재까지도 쿠바의
형무소에 있다. 마찬가지로, 대석방일에 죄수들의 출옥을 찍은
사진은 피델 카스트로와 그 동생 라울을 경계로 트리밍되어
바람직스럽지 못한 인물들의 실루엣은 잘려 나가 버렸다(1·2).

1. 피네스 섬 형무소로부터 출옥하는 광경을 찍은 사진은, 그 각각의
원판 전부가 『보헤미아』 제21호(1955년 5월 25일)에 실려 있다. 이
사진은 『쿠바』 특별호 「투쟁의 100년」(1968년 10월)에서는 아직
트리밍되지 않은 채로 나왔었다.
2. 『결실이 풍성한 감옥』(프랑스어판)(하바나, 1982). 그 외 몇 권의
저서―피델 카스트로 저 『역사가 우리를 사면할 것이다』(하바나,
1973), 『몬카타』(1973년) 등―에는 트리밍된 사진이 실려 있다.

*Les «moncadistes» dans la cour attenante à la salle où
ils étaient emprisonnés:*
1. Julio Díaz 2. Eduardo Rodríguez Alemán
3. José Suárez Blanco 4. Reinaldo Benítez
5. Ramiro Valdés 6. Jesús Montané
7. José Ponce 8. Gabriel Gil 9. Israel Tápanes
10. Orlando Cortés 11. Rosendo Menéndez
12. Juan Almeida 13. Agustín Díaz Cartaya
14. René Bedia 15. Enrique Cámara 16. Fidel Labrador
17. Ciro Redondo 18. Raúl Castro
19. Abelardo Crespo 20. Andrés García
21. Pedro Miret 22. Armando Mestre
23. Francisco González 24. Oscar Alcalde
et 25. Ernesto Tizol.

3. 카스트로 및 그 동지들의 석방 25주년을 축하하여 발행한
『보헤미아』(1980년 5, 6월)에 실린 마리오 멘샤의 논설. 그것을
단행본으로 펴낸 『결실이 풍부한 감옥』(앞의 책). 정확한 설명문이 붙어
있는 사진은 1968년 이전에 발행된 저작 혹은 잡지들에서 볼 수 있다.
예를 들면 『보헤미아』 제5호(1959년 2월 1일).

■ '체'의 얼굴

'체'라고 불리는 에르네스토 게바라, 그는 아르헨티나 태생으로서 멕시코에서 카스트로 집단에 가담, 1956년 12월 쿠바에 상륙하였다. 혁명전쟁중에는 사령관으로서 이름을 날렸고, 1959년 이후 경제상이 되었다. 소련에 대해 불신감을 품고 있던 그는 카스트로와 심각한 불화를 겪고 1965년에 쿠바에서 자취를 감췄다. 그는 볼리비아로 가서, 혁명을 대륙 전역으로 확산시키고자 게릴라 전사의 지휘에 전념했다. 1967년 10월 초엽, '체'는 볼리비아 군대에 포위되어 사살당했다. 그가 죽은 것이 확인되자마자, 이탈리아의 출판인 휄트리넬리가 하바나로 건너와서 전설적인 전사 게바라에 관한 자료를 찾아다녔다. 당시 외무성 정보국장이던 후앙 비베스는 카스트로의 명령으로 휄트리넬리를 거들어 주게 되었다. 우연하게도 그들은 프랑스 화물선인 라 크브르 호(1960년 3월, CIA에 의해 폭파되었다고 한다) 승무원 추도식 사진 한 장을 찾아낸다.

"그것은, 당시 내가 상당히 멀리서 찍은 사진"이라고, 비베스는 말하고 있다.

"대단히 멀리에서 촬영한 사진이었다. 계단식 좌석에는 카스트로를 중심으로 하여 적어도 50여 명이 있었다. 그 사람들 중에서 '체'의 모습을 분별해냈다. 나는 콩알만한 부분을 골라내어 엄청나게 확대하고 콘트라스트를 강하게 주어 인화했다. 휄트리넬리는 이 사진을 가지고 가서 전세계에 전매했다. 배지·티셔츠·포스터 등으로 수백만 장이 복제되었다. 물론 저작권료는 한푼도 받지 않았다 ! "

1. "승리의 그날까지, 언제까지나" 쿠바를 위하여 정의를 위원회의 포스터(캐나다, 1967). 원판 사진은 파기되었다. 추도식에 관한 사진 르포타주 중에서 유사한 판의 사진이 발견되었다. 『보헤미아』 제11호(1960년 3월 13일).

2. "나의 섬에서, 그를 본보기로 하여 사기를 북돋우면서 우리의 의식을 단련하자. 그리하여 공산주의를 훌륭히 쌓아올리자." 아시아, 아프리카, 라틴아메리카 여러 나라 인민들의 연대조직(OSPAAL)의 포스터(1968년).

3. 영웅적인 전사 게바라 기념일, 10월 8일, 게바라 1주기 기념 OSPAAL 포스터(1968년).

DIA DEL GUERRILLERO HEROICO 8 DE OCTUBRE
JOURNEE DU GUERILLERO HEROIQUE 8 OCTOBRE
DAY OF THE HEROIC GUERRILLA OCTOBER 8

■ 흑백(黑白) 속으로 사라지다

1959년 1월 1일, 팔마 소리아노. 피델 카스트로는 산티아고 데 쿠바의 출입구에서 '라디오 레벨데(반란 라디오)'의 마이크를 통해 소리높여 엄숙하게 호소하고 있었다. "카밀로 시엔후에고스 및 체 게바라 부대여, 하바나를 향해 진격하라!"고. 그의 맞은편에 '라디오 레벨데'의 아나운서인 멘도자가, 중앙에 방송국장인 카를로스 후랑키가 있다. 후랑키는 '7월 26일 운동' 집행부 다섯 사람 가운데 한 명이었다. 후랑키는 그날 아침, 독재자 바티스타의 도망을 알리는 스트라이크를 벌일 것을 호소하고, 교통·통신의 단절, 도시의 탈취, 각지 경찰서 점거, 질서 유지를 반란의 무리들에게 호소했다.

권력을 탈취한 후, 후랑키는 1963년까지 『혁명』지의 주필로 일했다. 67년에는 살롱 드 메를, 68년에는 하바나 문화회의를 주제했다. 68년 여름, 피델 카스트로가 체코슬로바키아에 대한 소련의 간섭을 지지하자, 그는 체제와의 인연을 끊고 이탈리아로 망명한다. 그의 모습은 간행물로부터 자취를 감추었다. 이 매우 유명한 역사적 사진에서조차 삭제되었다. 때로는 검정, 때로는 흰색으로 빽빽이 덧칠되었던 것이다. 산티아고 데 쿠바의 지하투쟁 박물관에 가면 당시의 혁명파 신문을 복사해 놓은 것을 볼 수 있다. 거기에도 같은 사진이 실려 있는데 후랑키는 까만 배경 속으로 녹아 들어가고 없다!

"나는 발견했다. 사진상에서 나는 이미 죽었다는 것을"이라고 후랑키는 그의 시에 썼다. 역사상 수많은 '삭제당한 사람들' 가운데, 문학 작품을 통해 이에 반발하고 사진상의 소멸에 따르는 불안을 표현하고자 했던 사람은, 아직까지는 그 혼자뿐이다.

> 나는 존재하고 있는 것인가?
> 동지 피델의 상의 위에서
> 나는 어쩌면 백(白)
> 나는 어쩌면 흑(黑)
> 나는 어쩌면 똥.

1. 1968년 가을까지의 많은 간행물, 예를 들면 로네오판(등사판 인쇄)으로 된 『혁명』(1962년 12월).
2. '검정 배경으로' 사라짐. 『쿠바』 특별호 「투쟁의 100년」(앞의 책).
3. '흰색 속으로' 사라짐. 『그란마』(프랑스어판) 주간 발췌판(1973년 3월 18일).

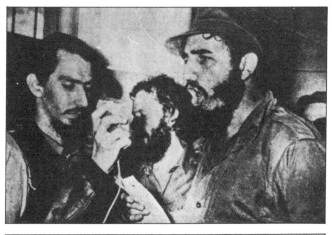

■ 시엔후에고스의 수수께끼

1959년 1월 8일, 하바나. 피델 카스트로는 열광하는 군중들 앞에서 연설을
했다. 그의 곁에는, 당시 인기끌던 '수염 난 사나이' 중 한 명인 카밀로
시엔후에고스가 있었다. 연설 도중, 피델이 말을 중단하고 카밀로쪽으로
돌아보며 물었다.

"이런 어조가 좋은가, 카밀로？"
"좋군, 피델！"

이 대화는, 그후 카스트로 서사시의 최고 명구가 되었다. 반란군 사령관인
시엔프에고스는 영웅으로서 총애를 받고 있었는 데도 갑자기, 그것도 지극히
기괴한 상황에서 자취를 감춰 버렸다.

우베르트 마토스는 원래 국민학교 교사로서, 쿠바 혁명이 낳은 또 하나의
영웅이자 카마게 지방 군사령관이 된 인물이다. 1959년 10월, 마토스는
공산주의자가 군 및 정부에 침투하는 것에 대하여, 그리고 채택된 농지개혁의
실시 방식에 대하여 경계할 것을 카스트로에게 촉구했다. 그리고는 그는 사표를
제출했다(10월 19일). 카스트로는 즉시 마토스를 체포하라고 시엔후에고스에게
부탁했다. 바로 그때 쿠바 사상 가장 불명료한 에피소드가 시작되었다.
마토스는 실제로 체포되었다. 그리고 결국 '반역' 죄로 유죄 판결을 받고
투옥되어 20년 후에야 간신히 출옥했다. 그런데 바로 그 며칠간 시엔후에고스가
어디서 무엇을 하며 지냈는지가 지금까지도 명료하게 재구성되지 않고 있다.
쿠바의 '역사가들'이 때때로 1분 단위로 자세하게 서술하고 있기는 하지만.

전하는 바에 의하면, 시엔후에고스는 하바나로 돌아와서 마토스 체포에
반대하여 피델 카스트로와 격론을 벌이며 다투었다고 한다. 그후 육군병원에서
온몸에 벌집 쑤셔놓은 듯 총격을 당한 그의 시체를 본 병사가 있다는 것이다.
소문에 듣기로는 시엔후에고스는 그가 타고 간 비행기가 착륙한 작은
비행장에서 피델의 아우인 라울 카스트로에 의해 제거되었다고 한다. 또
탑승기에 폭탄이 장치되어 있었다고도 한다. 어찌 되었든 시엔후에고스는 두번
다시 모습을 나타내지 않았다. 그로부터 얼마후, 그의 부관이 보초에게
살해당했다. 순찰 책임자 카마구에는 미국으로 도주했다. 시엔후에고스가
행방불명된 다음날, 카스트로는 전국에 경계태세를 선포했다. '최고 지도자'는
기자회견을 갖고, 지도를 펼쳐서 시엔후에고스가 탄 비행기의 경로를

『쿠바』 특별호 「투쟁 100년사」(앞의 책)에 실렸던
사진. 다음과 같은 설명문이 덧붙여져 있다. "10월,
카밀로는 반역자 우베르트 마토스를 체포한 후,
하바나로 돌아오는 비행기에 탄 채로
행방불명되었다." 안토니오 메네스 히메네스 저
『피델과 함께 전진, 또 전진』(하바나, 1982)에도
같은 사진이 나오는데, 여기에도 같은 설명문이 씌어
있다.

설명했다(카마구에 순찰단이 제시한 경로와는 반대였다). 공개 연설을
거듭하고, 이 두 개의 사건을 결부지어 마토스를 시엔후에고스 행방불명의
책임자로 몰아세웠다. 1959-60년 겨울, 시위행진 때마다 도처에서 다음과 같은
플래카드가 발견되었다. "반역자이기 때문에, 우리가 카밀로를 제거했다는
사실을 피델은 잊지 않는다." 그와 인기를 겨루던 주요 경쟁자가 죽고, 가장
현명한 잠재적 정적 한 명이 감옥에 간힌 이후, 카스트로 앞에는 절대권력으로
통하는 길이 열렸던 것이다.

■ 위험한 사진

1971년 11월. 피델 카스트로는 의기양양하여 칠레를
순방했다. '인민연합'을 모체로 하여 1970년 10월 이래
칠레 대통령이 된 살바도르 아옌데의 초대를 받은
것이다. 3주 동안 방문했는데, 쿠바의 신문 잡지들은 '두
개의 역사 과정의 상징적 만남'이라고 극구 칭찬하였다.
11월 10일, 그는 베르나르도 오 히긴즈의 동상 앞에
꽃다발을 바쳤다. 오 히긴즈는 마이푸 전투(1818년 4월
5일)를 통해 칠레의 독립을 성취한 장군이었다.
카스트로와 나란히 군고위층들이 서 있다. 몇 주 후,
쿠바 공산당은 『쿠바와 칠레』라는 제목의 사진이 들어간
대형 양장본을 간행했다. 그 가운데 피델 카스트로가
당시에는 이름없었던 한 장군과 함께 서 있는 사진이
몇 장 있었다.

방문 후 22개월이 지나, 칠레에서는 군사혁명정권이
성립되었고, 아옌데를 비롯한 수천 명의 남녀가
학살되었다. 이 군사정권중에서 아우구스토 피노체트
장군이 급속히 두각을 나타내더니 오래지 않아 '국민의
최고 원수'로 임명되었다. 그리고 전세계적으로
라틴아메리카 '우익' 독재정권의 상징이 되었다. '좌익'
독재자와 미래의 '우익' 독재자의 회동을 찍은 이 사진은
확실히 둘도 없는 자료다. 쿠바의 검열담당관이 이
사진이 실린 책에 테러 행위를 하는 모양을 상상하는
것은 그리 어렵지 않다. 어쨌든 그들은 업무를 멋지게
해냈다. 즉, 이 책은 다급하게 유통과정으로부터
회수되었고, 쿠바에서는 서점에서나 공공도서관에서나
두번 다시 볼 수 없게 되었던 것이다.

1971년 11월 10일. 『쿠바와 칠레』(하바나, 1972)에 게재된 사진.

소련의 전통

스탈린이 죽고 뒤이어 '비스탈린화'가 진행되었지만, 사진 검열은 계속되었다. 이미 30년 이상 반복되어 온 방식이기 때문이다. 흐루시초프는 스탈린 시대의 사진을 대거 없애 버린 후 경쟁자 몇 명을 제거함으로써 이 방식에 관한 한 그 자신 스탈린의 신세를 진 것이 되었다. 그러나 그가 일단 해임되자마자, 이번에는 그의 모습이 사진과 서적들에서 돌연 자취를 감췄다. 그의 후계자인 레오니드 브레즈네프는 사진들을 수정하여 자신의 생애가 확고하게 모범적인 것처럼 꾸몄다. 변조한 사진들을 그 자신이 쓴 책의 삽화로 이용하였으며, 심지어는 이 저작들로 레닌 문학상을 받기까지 했다.

스탈린 치하에서와 마찬가지로, 당은 계속해서 '대리석 같은 사나이'—노동 영웅·처녀지의 개척자·탐험가·기사·연구자 들을 만들어냈다. 그들에 관하여 과학적인 멋을 한껏 이용한 사진들을 만들고 그들의 얼굴·복장·공적을 재구성하였다. 이 인물들 중에는 전혀 실재하지 않았던 자도 있고, 또 소개된 사실이 순전히 조작된 경우도 많다. 그러나 이것은 그리 중요한 사항이 못된다. 왜냐하면 그것들은 늘 출처가 같고 검증이 불가능한 것이었기 때문이다. 여하튼 소련인들은 일반적으로 그들 나름대로 유의해야 할 점을 터득하고 있어서 들은 것을 믿기도 하고 안 믿기도 하며 본 사진을 의심하기도 한다. 소련 지도자들의 공식적인 초상사진을 보면, 어찌된 일인지 그들은 늘 매우 젊고 싱싱하다. 그러나 실은 이들이 늙고 병들어서 죽음의 문턱에 들어서고 있다는 사실은 널리 알려져 있다. 이것을 소재로 하여 다종다양한 우스갯소리가 귓속말로 전해 오고 있다. 우주항공사라면 초영웅인데, 그들의 사진에 가한 손질은 짐작할 수 없을 정도이다. 그런데, 우주비행사에 관하여 생긴 일들—수정·트리밍·인물의 삭제—은 스포츠·군대·소수민족문화·과학 연구·시베리아 개발 등 어느 분야에서도 볼 수 있다.

몇 사람의 작가—마야코프스키·에세닌·파스테르나크—의 생애를 이야기해 주는 그림 역시 손질되어 있다. 유명한 반체제파—알렉산더 솔제니친·므스티슬라프 로스로포비치—의 사진은 완전히 제거되어 버렸다.

■ 어느 영웅의 일생

1961년 4월 12일. 세계는 흥분의 도가니에 휩싸였다. 한 남자가 최초로 우주 공간에 들어가 지구를 일주한 사실이 알려졌기 때문이다. 이윽고 기분좋게 웃고 있는 조종사의 얼굴이 발표되었다. 유리 가가린(Yuri Gagarin), 27세, 기혼자로서 두 아이의 아버지.

당시에 나온 그에 관한 르포·소책자·서적 중에는 매우 많은 수정사진이 눈에 띈다. 소비에트 연방의 새 영웅이 그때까지 살아온 것을 신중하게 검토하여 불순물을 없애고 바로잡았다(1·2·3). 마찬가지로 그의 옷차림 하나하나를 주의깊게 연구했다. 예를 들면 그가 개선장군처럼 모스크바에서 환영받던 때를 촬영한 사진(4)은 수정판을 만들어 인쇄했다. 즉 그늘져 있는 눈을 밝게 고치고 벌어진 입을 닫았다(5). 이렇게 말쑥하게 다듬은 흔적을 또 들라면, 가가린의 부인 사진을 들 수 있다. 설명문에 의하면 이것은 남편이 우주비행중일 때 촬영한 것이라고 한다. 수정에 의하여 옷깃·그림자·배경 부분이 달라졌다(6·7). 가가린의 모든 사진에는 니키타 흐루시초프의 모습이 많이 찍혀져 있었다. 그러나 오늘날의 사진집에는 흐루시초프의 사진은 사라지고 없다. 아직도 볼 수 있는 것은 사상 최초의 우주비행사와 포옹하고 훈장을 수여하고 있는 레오니드 브레즈네프뿐이다.

1·2·3. 유리 가가린 저 『우주로 가는 길』(프랑스어
번역 『별로 가는 길』) (발행년도 없음. 모스크바,
1962년경), 『우주로 가는 소련인』
(프랑스어판) (모스크바, 발행 연도 미상).

4. 『별을 향하여』(영어판) (모스크바, 1982).
5. Y. 가가린 저, 앞의 책.
6. 『별을 향하여』 앞의 책.
7. Y. 가가린 저, 앞의 책.

■ 우주비행사를 위한 진혼곡

가가린이 공적을 세운 지 몇 주 지나 아홉 명의
우주비행사들이 우주계획 책임자인 세르게이
고로레프(1906-66년)를 중심으로 하여 포즈를 취하고
있다. 유명한 유리 가가린의 모습(앞줄 왼쪽 두번째)도
보인다. 이외의 사람들도 모두 자신의 차례가 돌아오면
우주로 나가게 되어 있다.

1968년, 가가린이 비행기 사고로 죽고 난 후, 소련의
사진집 『별을 향하여』(프랑스어판)에 같은 사진이 다시
실렸다. 그러나 한 사람이 배경이 되는 벽 속으로 사라져
버리고 없다. 블라디미르 코마로프다. 그는, 그로부터
4년 전, 소련의 유인 우주비행선으로서는 일곱번째인
보스호드 1호의 조종사로 일했다. 의사인 에고르프와
기사인 훼오쿠치스토프도 함께 탔는데, 그들은 '우주의
트로이카'였다. 공식적으로는, 그가 3년 후 소유즈 1호의
귀환 비행 도중 사고사한 것으로 되어 있다. 그는 왜
사진에서 빠지게 되었을까? 독일과 영국의 전문가 몇
사람이 가설을 내세우고 있다. 코마로프의 어머니가
독일계였기 때문에 러시아 사람으로서의 순수한
혈통이라는 기준에 맞지 않았을 것이다, 그는 체제에
대해 직언을 많이 하였으며, 소련의 우주계획에 대해서
비판했던 것 같다, 이 사진집이 간행되기 1년 전에
숙청되었을 것이다 등등. 이와같은 이야기들은 소설
같은 것으로서 과장이 있는 듯하다. 훨씬 단순한 설명이
있다. 즉 『별을 향하여』 1968년판이 간행되던 당시,
가가린은 비행기 사고로 사망한 후였다. 코마로프 역시
1년 전에 세상을 떠났다. '소비에트 연방의 영웅들'
중에서도 가장 위신있는 이 소집단 중에서 2명이나
죽었다는 것은 실로 인상이 좋지 않은 것이다. 게다가
우주비행의 책임자 코로레프까지도 1966년에
사망했던 것이다.

1. 1961년 5월 또는 6월, 소치에서 촬영한 사진. 처음 발표된 곳은 불명확. 에프게니 랴프시코프 저 『우주에서의 러시아인』 (프랑스어판) (모스크바, 1971. 파리, 1972). 추측컨대, 이 사진 속의 인물들은 다음과 같다.
앞줄—니콜라에프·가가린·코로료프·에고로프·샤타로프, 뒷줄—포포비치·코마로프·치토프·브이코프스키.
2. 『별을 향하여』 (프랑스어판) (모스크바, 1968).

■ 우주계획의 숨겨진 역사

1965년 3월 18일. 파벨 벨라에프와 알렉세이 레오노프─보스호드 2호에 탑승한 두 명의 우주비행사─가 버스를 타고 그들이 탈 우주선쪽으로 가고 있다. 두 명의 선배, 블라디미르 코마로프가 발사대까지 함께 가고 있다. 그의 뒤쪽에 동료로서 같은 제복을 입은 한 남자가 있다. 이 사진의 나중 판에서는 그 인물이 제거되어 버렸다. 여러 해 경과하면서(1979년) 그 남자는 '디미트리'라는 인물이라고 결론이 내려졌다. 그는 보스호드 2호의 지원 승무원에 속해 있었는데, 1969년에 '중대한 의학적 문제'를 일으키고 말았던 모양이다. 소련의 우주계획서는 영웅적인 공식 역사와 보다 비극적인 비밀의 역사라는 두 면이 있다. 1960년 10월의 바이코누르 기지에서의 사고(계획 지도자들 중에서 40명이 사망), 1967년 4월에 또다시 생긴 재앙(코마로프와 다른 승무원들의 죽음), 거기에 1971년 6월의 사고(소유즈 11호 승무원의 질식사), 발사 또는 연습의 실패, 제동력 상실(1967년 11월, 1968년 4월, 1969년 6월, 1969년 11월, 1971년 4월, 1971년 6월, 1972년 7월, 1973년 4월, 1973년 5월, 1974년 8월, 1975년 4월, 1976년 10월, 1977년 8월, 1977년 10월, 1978년 4월, 1979년 4월…). 또한 소련 지도자 자신이 고백한 바에 따르면 훈련 중에 6-8명이 사망했다고 한다.

소련의 우주선은 많이 발사되었지만 거기에 탄 사람들의 이름은 확실히 알려지지 않고 있다. 발사시의 사진도, 내부의 사진도(특히 사류트 시리즈의 경우) 전혀 볼 수 없다. 몇 사람의 우주 비행사가 계획에서 배제되었지만, 그 이유도, 그들이 나중에 어떻게 되었는가도 밝혀지지 않았다.

1. 1965년 3월 18일. 타스 통신 공급.
2. 『별을 목표로』(프랑스어판) 시리즈의 여러 저작(1968년 및 그후 여러 해)에 이런 모양으로 재발표. 매우 유사한 다른 사진이 『별을 향하여』(1982년, 앞의 책)에 실려 있다.

■ K대 B

1963년 5월, 피델 카스트로가 소련에 영입되어 소련 영웅상과 레닌 훈장 등 몇 개의 훈장을 받았다. 그때 소련 신문국이 촬영하여 쿠바측에 건네 준 사진 한 장(이미 사소한 수정을 가한 것)에는 카스트로가 공산당 서기장(즉 사실상의 소련 국가원수) 니키타 흐루시초프(Nikita Khrushchev)와 당시 최고회의 간부회의 의장이었던 레오니드 브레즈네프(Leonid Brezhnev)를 마주보고 있는 것이 있다. 그러나 같은해, 소비에트 연방에서 발표한 판에는 흐루시초프만이 카스트로와 대면하고 있다. 극히 야심적인 정치가였던 브레즈네프는 의심많은 흐루시초프의 명령으로 소거되고 말았던 것이다. 예감이 맞았다. 1년도 채 지나지 않아서 'K' 씨는 브레즈네프에게 전복당했다. 브레즈네프는 그후 18년에 걸쳐 절대 지배자로서 소련에 군림하였고, 또 체코슬로바키아 침공(1968년) 및 아프카니스탄 침공(1979년)의 책임자가 되었다.

1. 1963년 5월 23일, 모스크바. 『쿠바 만세』(하바나, 1963).
2. 『쿠바 혁명이 다섯 살이 되었다』(모스크바, 1963).

■ 절제된 칭찬

1971년 9월, 크리미아의 얄타 근처 오레안다에서 독일
연방 수상인 빌리 브란트가 공산당 제1서기 레오니드
브레즈네프와 회견을 가졌다. 담배를 매우 많이 피워
연기가 가득했다. 음료수도 매우 많이 마셔서
크리미아산 샴페인병이 나란히 세워져 있다. 마음을
터놓고 약간 긴장이 풀린 분위기였다. 독일 신문에는
술병, 담배갑, 가득 찬 담배 연기, 브레즈네프의 비어져
나온 커프스, 그리고 여러 참석자의 손 등이 찍혀 있다.
『프라우다』에는 눈에 띄던 술병이나 피우던 담배를
테이블에서 치우고 그외에도 속된 부분들을 삭제한
사진이 실려, 회견이 흐뭇하면서도 품위있는
분위기로 되돌아왔다.

1. 1971년 9월 18일. 오레안다에서. 남독일 출판사.
2. 『프라우다』(1971년 9월 10일자).

Беседа Л. И. Брежнева с В. Брандтом

ЯЛТА, 17. (ТАСС). Сегодня в районе Ореанды состоялась продолжительная беседа между Генеральным секретарем ЦК КПСС Л. И. Брежневым и федеральным канцлером ФРГ В. Брандтом. В ходе беседы были затронуты актуальные вопросы развития отношений между Советским Союзом и Федеративной Республикой Германии и международные проблемы, представляющие взаимный интерес, в особенности вопросы укрепления европейской безопасности. Беседа будет продолжена во второй половине дня.

■ 공식 초상사진에서는 영원한 청춘

1980년 1월, 당시 프랑스 국민의회 의장이었던 자크 샤방-델마스와 동행한 프랑스인 신문기자는 모스크바에서 사진 몇 장을 촬영했다. 그 중에 공식회견중인 레오니드 브레즈네프의 얼굴 사진이 있다(KGB 기관원이 사하로프를 체포하여 추방지인 고리키로 막 데리고 간 때였다). 브레즈네프는 병든 노인으로서 얼굴이 부석부석한 고무 같았다. 얼굴 근육은 축 처지고 좁쌀알 같은 종기가 돋은 채 양어깨 사이에 푹 들어박혀 있었다. 말하자면 밀랍인형이 불길에 휩싸여 허물어져 내린 듯한 모습이었다. 숨쉴 공기가 부족한 듯 다물어지지 않는 입, 눈시울과 양볼은 처져내리고 버글버글한 주름으로 뒤덮혀 힘들여 억지로 뜬 듯한 작고도 밝은 눈.

같은 때인 1980년, 타스 통신이 공급한 그해의 공식 초상사진이 『프라우다』에 인쇄되고 브레즈네프의 각종 소책자와 '문학' 작품 첫 면에 실렸다. 거기에 찍혀 있는 것은 일종의 짜깁기한 얼굴이었다. 수정·개선을 거듭한 결과 만들어낸, 50대의 영원한 활력 속에 고정되어 버린 인물이었다. 눈가의 주름이 마치 씩씩함과 고귀함의 상징인 듯 느껴지고 얼굴 이외의 부분은 윤기가 나고 아름다우며, 튼실해서 위엄이 있어 보인다. 이것은 분명히 20년 혹은 30년 전에 촬영한 브레즈네프의 사진을 기초로 한 것이다. 그러나 수정 담당자는 우리들에게 이것이 틀림없이 1980년의 브레즈네프이다라고 믿게 하려고 이 사진에 명확한 연대까지 덧붙여 놓았다. 실제로 초상의 웃옷 오른쪽에는 1975년에 그가 받은 졸리오-퀴리 평화 금메달이, 그리고 1979년 3월에 받은 레닌 문학상 메달이 걸려 있다.

1. 1980년의 공식 초상사진.
2. 마르노 드 비르당베르에 의한 사진. 파리, 감마 통신사.

■ 메이 데이의 비밀스런 소용돌이

소련에서 행사를 찍은 공식 사진은 거의 모든 경우에 인물을 고쳐 그리거나 칠해서 메우거나 풀로 붙여 변형시킨 것들이다. 심지어는 주변 정경에까지 손을 댄 경우도 있다. 이를 잘 드러내 보인 사건이 1979년에 일어났다. 메이 데이 열병식날, 소련의 국가 및 당 지도자들이 레닌 묘의 통로에 모습을 드러냈다. 일정한 순서에 따라 정렬해 있다는 것은 누구라도 알 수 있었다.

그날 발행된 석간 『프라우다』에 실린 연단 사진에는 분명히 브레즈네프, 코시킨, 수슬로프, 그리신, 그로미코가 기라성처럼 나란히 찍혀 있다(1). 그런데 정치국원으로서 브레즈네프의 '황태자'라 할 수 있는 사람, 안드레이 키릴렌코가 수슬로프와 그리신 사이에 서 있는 것을 모두가 보았는 데도 어찌된 일인지 사진에서는 지워져 버렸다. 대기실에서는 온갖 추측이 오가고 대사관에서는 경악을 금치 못했으며, 여러 통신사들에서는 인신 공격이 난무했다. 이 명백한 징후를 통해 권력 투쟁 혹은 지도자끼리의 비밀스런 경쟁의 반영, 한 걸음 더 나아가 이른바 황태자가 난폭하게도 밀려난 사건의 영향(베리아 등의 경우가 여전히 기억되고 있다)까지를 읽어내는 자도 있었다. 최근의 여러가지 사건 '2개의 파벌'(언제나 두 개의 파벌이 있어서 서로 상대방을 잡아먹으려고 으르렁거렸다) 사이의 쟁투를 상기하는 사람도 있었다. 모스크바 시를 담당하는 당 조직국장 빅토르 그리신이 브레즈네프에게로 바짝 당겨져 있다는 사실에 주목하는 사람도 있었다. 새로운 황태자의 장래를 점치는 사람도 있었다.

이 수수께끼는 그리 오래 가지 않았다. 『모스코프스카야 프라우다』 5월 2일자에, 다시 한번 공식 사진이 실렸는데(2), 안드레이 키릴렌코가 있어야 할 장소에 서 있었던 것이다. 브레즈네프와 그로미코는 정확히 같은 자세로, 꽁꽁 얼어붙은 듯이 서 있다(만일 이것이 서로 다른 시점에서 촬영한 두 장의 사진이었다면 이렇게까지 똑같은 상태로는 있을 수 없다). 그러나 키릴렌코는 수슬로프와 그리신 사이의 본래 위치에 되돌아왔던 것이다. 그럼에도 불구하고 수정 담당자는 원판을 완전히 그대로 다시 사용한 것은 아닌 듯하다. 분명 음화지가 손상되어 있기 때문이다. 거기에서 수정 담당자는 그리신에 대해서는 같은 때 촬영한 다른 원판을 고르고(그리신은 전통적인 메이 데이 빨간 리본을 단추에 달고 있다), 또 코시킨과 수슬로프 2인조에 대해서는 확실히 행사 초기에 찍은 다른 사진들을 골랐다(이 두 사람은 아직 전통적인 빨간 리본을

1. 석간 『모스크바』(1979년 5월 1일자).
2. 『모스코프스카야 프라우다』(1979년 5월 2일자).

3. 『프라우다』(1979년 5월 2일자).

단춧구멍에 끼고 있지 않다). 수정은 완벽하지 못하여서 브레즈네프의
어깨마저 손상되었다. 『프라우다』 전국판은 같은 5월 2일자인 데도 아예 행사에
관한 다른 사진을 게재하고 있다(3).

방법이 수출되는 시대

전체주의 국가에서 행해지고 있는 역사 자료의 변조에 주의를 기울여 고발한다고 해서 민주주의 여러 나라는 이러한 질병으로부터 면제됐다든가, 일체의 속셈도 배제한 '냉엄한' 보도사진을 보장하고 있다고 믿는다면 이는 지나치게 소박한 생각이다. 심리 조작·선전·거짓 정보 유포 등에는 국경이 없다. 이 방법들은 그것이 성립된 중심지로부터 꽤 멀리 떨어진 곳에서도 종종 발생한다. 전쟁중의 선전이 그 좋은 예이다. 그러나 전쟁 같은 예외적인 시기가 아니라 해도, 전체주의 국가의 선전 방법(파시스트·나치·공산주의의 3대 양식에서 특징적으로 나타나는)을 열심히 모방한 사람들 사이에서, 특히 역사 자료의 조작 처리나 변조를 발견할 수 있다. 일반적으로 정치나 공갈의 임기응변 술책으로 사용하기 위하여 그림을 왜곡하는 사람들도 마찬가지다. 때로는 반드시 정치를 주요 관심사로 하고 있지 않은 신문기자나 역사가들의 경우에도, 꼭 알맞는 삽화를 얻기 위해 그림에 '손질을' 가하고자 한다는 의혹이 강하게 제기되기도 한다. 그림을 손질하는 행위는 글이나 말의 내용을 손질하는 것과 마찬가지로 윤리상의 문제를 발생시킨다.

여기에서 우리는 여러가지 종류의 왜곡 사례를 들고자 한다. 말할 나위도 없는 것이지만, 여러 자유국가의 신문 잡지나 역사 관계 저작들에도 그림의 왜곡, 실수 혹은 거짓 설명문, 수정, 배경의 색칠, 몽타주 사진이 얼마나 많이 등장하는지 알게 될 것이다. 그러나, 전시 선전은 예외로 하고—전시의 선전이란 어차피 민주주의의 정상적인 활동이 어려운 시기에 행한 것이다—자유진영 나라들의 왜곡된 그림이 전체주의 국가 정권이 공급한 그림들과 다른 점은 이 그림들에 부여된 지위나 운명에 있다. 우선 첫째로, 이 그림들은 단일 정권—단지 그것만이 정보원(情報源)과 보급 수단을 보유하고 있는—으로부터 나온 것이 아니다. 다음으로, 이 그림들이 일단 유통되게 되면 비교·분석·비판의 과녁이 되기도 하고 신문기자·역사가·정적(政敵)에 의해 논박당하기도 하며, 때로는 시간이 훨씬 지난 후에 촬영자 자신에 의해 고발되기도 한다. 아직까지는 그런 경우에 부닥치지 않은 경우라 해도 언제 그런 일을 겪을지 모른다. 이는 다원적인 정보, 정보원에 접근할 자유, 사상 표현의 자유, 사람들의 왕래의 자유 등 민주주의의 기초를 이루는 몇 가지 단순한 원칙 덕분이다.

■ 춤추는 히틀러

1940년 6월 21일, 북프랑스 콤페뉴. 조금 전 히틀러는
프랑스군의 항복을 받았다. '총통'은 얼굴을 빛내면서
나치 장교들이 모여 있는 쪽으로 갔다. 그후 여러 차례에
걸쳐 수백만의 관객이 영국·미국의 뉴스 영화를 통해
좀처럼 믿기 어려운 장면을 보게 되었다. 히틀러가 매우
즐거워하며 언뜻 댄스 스텝을 밟는 장면이었다.
전후(戰後)에 그 진상이 밝혀졌다. 전쟁중, 존
그리어슨이 캐나다의 정보·선전기관 지도를 맡았었다.
프랑스가 항복하는 장면을 찍은 필름이 도착했을 때
그는, 비록 순간이기는 하지만 히틀러가 발을 꽤 높이
들어 올린 것을 알아챘다. 그는 이 짧은 장면을 여러
장면으로 늘려야겠다고 마음먹었다. 그 결과, 히틀러가
좋아서 날뛰는 듯한 장면이 연출되었다. 이것이 상영된
모든 연합국들에서 이 순간의 충격은 관객들을 격분하게
만들었고, 그 선전 효과는 이만저만한 것이 아니었다.

독일의 뉴스영화의 한 장면. 「월드 인 액션」 시리즈에는 이 트릭이
적용된 채 배급되었다(캐나다 국립영화국, 오타와, 1940).

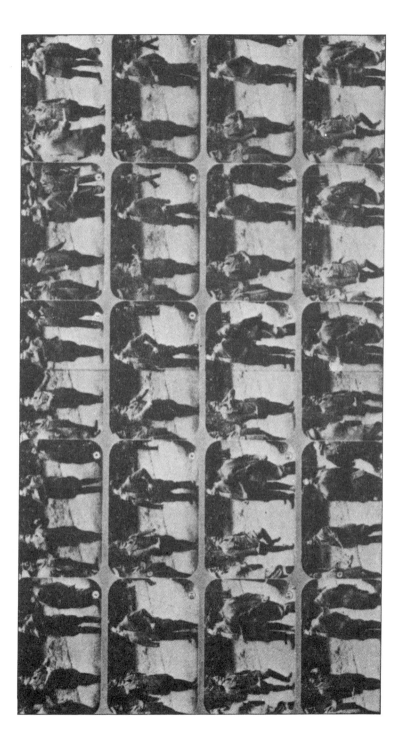

■ 전쟁 사진의 예술가들

제2차 세계대전에 관한 대단히 유명한 사진 가운데는 사실과 동떨어진 작품도 몇 점 있다. 예를 들면 '토브루크 탈취'가 그러하다. 이것은 실제 전투가 있은 지 며칠 지나 연막탄을 이용하여 행한 눈부신 연출에 의한 것이었다(1942년 10월). 이 사진을 촬영한 사람은 체트윈 중사다. 그는 '육군 영화·사진반'의 가장 활동적인 반원 가운데 한 사람이었다. 그가 이끄는 카메라맨 그룹은 '체트의 서커스'라는 별명을 갖고 있었다. 그들은 대단히 많은 사진을 만들어내어 영국의 육군성과 선전기관에 언제나 만족을 안겨 주었다. 그러나 다른 카메라맨들은 눈살을 찌푸리기도 했다.

경우에 따라 연합군측은 조금도 주저하지 않고 완전한 위조 사진을 만들고 허위 연출하여 독일의 선전 작전에 대응했다. 예를 들면, 영국 육군은 『퍼레이드』라는 사진잡지를 발행했는데 이것은 독일의 사진 잡지인 『시그널』과 경쟁하기 위한 것이었다. 1943년, 독일군이 도처에서 퇴각하기 시작할 무렵, 『퍼레이드』지의 표지에, 맥빠진 독일 병사의 사진이 실렸다. 그 설명문에는 '지배자 민족'이라고 씌어 있었다. 존 그리어슨, 뒤이어 알베르토 카발칸티의 조수로 근무했던 디렉 나이트—그는 당시 '육군 영화·사진반'에서 활동했다—가 말한 바에 의하면 『퍼레이드』 표지의 독일 병사는 실은 "그들이 카이로 길모퉁이에서 만난 대단히 추한 아랍인으로서, 그들이 이 남자에게 군복을 입혀서 찍었다"는 것이었다.

그러나 이 두 점의 사진과 전체주의 국가에서 보급한 사진이 다른 점은 전자의 경우에는 이면에 숨겨진 이야기가 비밀이 아니라는 점이다. 영국의 선전기관은 전후에 행한 그들의 술책 중 몇몇을 명확하게 밝혔다. 또 모든 역사가들이 비교적 쉽게 역사 자료에 접근할 수 있다.

1. 〈토브루크 공격〉(영국) 육군 영화·사진반의 사진(1942년 11월).
2. 『퍼레이드』제11권 143호(1943년 5월 8일).

■ 변절자를 잘라내다

모리스 토레즈가 지은 『인민의 아들』은 1937년판과
1949년판 사이에 몇 가지 특이한 상이점이 눈에 띈다.
우선 본문에서, 1937년판에서는 토레즈가 스탈린에 대해
매우 열렬히 예찬하기는 했지만 그 분량은 몇 개의
단락에 걸쳐서 일 뿐이었다. 그러나 1949년판에서는
스탈린은 돌연히 당치도 않을 정도의 위세를 보이고
있다. 다른 한편 모스크바 재판에서 제거된 사람들과
토레즈가 회견하는 장면은 지워져 버렸다. 두번째로,
사진류에서도 서로 다른 점이 눈에 띈다. 1937년판의
단체사진은 공산당 정치국원 일동이 1937년도
만국박람회가 열린 프랑스 미술관을 견학할 때의
것이다. 12명이 죽 늘어서 있다. 1949년판의 사진에는
11명밖에 없다. 자크 듀크로와 레이몽 기요 사이에 서
있던 남자가 지워져 버렸다. 사진을 잘라서 장애가 되는
자를 뽑아낸 후 보이지도 않고 알 수도 없도록 양끝을
당겨서 줄여 버렸다. 그후의 판에서는
듀크로와 토레즈를 한층 접근시킴으로써 이 교훈적인
화면을 보강해 놓았다. 덕분에 이 사람들은 빈틈없이
뭉쳐져 틈조차 없는 바위처럼 되었다.
곁에 있는 듀크로와 비슷하게 보이는 이 뚱뚱하고
작달막한 남자는 마르셀 지통이다. 사진상에 나타난
그의 운명은 그의 실생활을 그대로 정확하게 반영하고
있다. 그는 1939년까지 중앙위원회 서기와 대의원으로서
당의 주요 지도자 가운데 하나였다. 독·소 불가침조약
당시 그는 당과 인연을 끊었고, 프랑스 공산당에서도
러시아 공산당에서도 자주 실험된 바 있는 방법에 따라,
지난날의 동지들에 의해 '잡입한 경관'으로 고발당했다.
그는 도리오트의 뒤를 좇아 대독 협력의 길로 빠져들었고
당의 '특별조직'에 의해 1941년 9월에 사살당했다.
오귀스트 르쾨르에 의하면 이 조직은 '자금의 회수,
보급, 활동가의 보호, '변절자'의 처형'을 목적으로
삼고 있다고 한다.

VISITE DE MEMBRES DU BUREAU POLITIQUE ET DE MILITANTS COMMUNISTES AU MUSÉE D'ART FRANÇAIS,

ISITE DES MEMBRES DU BUREAU POLITIQUE ET DE MILITANTS COMMUNISTES
AU MUSÉE D'ART FRANÇAIS A L'EXPOSITION DE 1937

1. 모리스 토레즈 저 『인민의 아들』(파리, 1937)
2. 『인민의 아들』(1949년판). 같은 사진의 판이 이 외에도 몇 개 더
있다. 『인민의 아들』(1970년판). V. 셰디프 저 『3인의 생애—마르셀
카친, 모리스 토레즈, 자크 듀크로』(모스크바, 1981).

■ "나는 자살하지 않습니다"

1929년 7월, 토레즈가 상테 형무소 마당에서 포즈를
취하고 있다. 그의 주위에는 라캉, 페리, 쿠투리에,
마르티 그 외 몇 명이 있다. 이 사진은 『인민의 아들』
1949년판에 실렸으며 1954년판에도 남아 있다. 단
1954년판에 실려 있는 것에는 세 사람만 나와 있다.
토레즈의 오른쪽에 있던 마르티가 지워져 버린 것이다.
이 사진의 두 개의 판이 발표된 사이에 마르티
사건(1952년)이 일어났다. 그는 1917년에 흑해에서
항명하여 후에 중앙위원이 되고 스페인 내전시에는
국제부대 사령관이 되었다. 아나키스트로부터는
'알바세테의 도살자'라고 불리고 『누구를 위하여 종은
울리나』중에서는 편협한 살육자로 묘사되고 있는 그는
스탈린파의 비밀기관원이었던 모양이다. '해방' 후,
그는 토레즈, 듀클로스에 이어서 프랑스 공산당의
제3인자가 되었다. 그러나 서기장과 그와의 관계는 뜻한
대로 되지 않았다. 1952년에 대공세의 포문이 열렸다.
사건 전체를 통하여 파리에서는 듀클로스가 지도에
임했지만, 분명 모스크바에서 요양중이던 토레즈가
배후에서 사주했던 것이다. 마르티는 고발당하고,
종교재판 같은 심문에 처해졌다. 마침내 그 자신의
세포로부터조차 제명당하고 굴복했다. 문서류는
도난당하고, 그의 처는 끝까지 괴롭힘을 당하고
감금됐으며 이혼 소송을 청구하도록 강요당했다.
마르티는 공개석상에서 잠입한 경관이라고 비난당했다.
1953년 1월초, 『휴머니티』지 제1면에 실린 파종의 논설이
최후의 일격을 가했다. 표제에는 「마르티와 경찰관의
관계」라고 씌어 있었다. 사건이 최고조에 달했을 무렵,
마르티는 듀클로스에게 "나는 자살하지 않습니다!"라고
써서 보냈다. 그러나 '불요불굴의 사나이' 마르티는 이미
정신적으로도 정치적으로도 죽어 있었다. 3년 후, 그는
스스로의 정치적 변호를 꾀하다가 사망했다.

1. 모리스 토레즈 저 『인민의 아들』(1949년판, 앞의 책).
2. 『인민의 아들』(1954년판). 그후의 판(1960년, 1970년)부터는 이 사진이 실려 있지 않다.

■ 탄광 시찰

『인민의 아들』 제2판(1949년)에는, 몇 장(章)이 고쳐지고 그림 몇 점이 추가되어 있다. 특히 1946년 당시 대통령 드골 장군 아래서 부수상 지위에 있던 토레즈가 노르현의 탄광지대를 시찰한 사진이 있다. 그는 몇 명의 공산당원에게 둘러싸여 있는데, 그 가운데 파 드 카레 현의 선출 대의원으로서 탄광 담당 차관이었던 오귀스트 르쾨르의 모습이 보인다. 『인민의 아들』 1960년판에도 같은 사진이 나와 있는데, 이번 것은 토레즈 주변 사람들만 남기고 트리밍하여, 두 사람을 포함한 오른쪽 부분을 지워 버렸다. 이 사이에 일찍이 당의 총아였던 르쾨르는 '기회주의자', '권위주의자', '교조주의자'로 고발당해 해직돼 버렸다. 토레즈는 르쾨르에 대해 "내가 죽지도 않았는데 나를 매장하려 하였다"고 말했다고 한다. 토레즈를 사진의 한복판에 위치시킴과 동시에 르쾨르는 제거되어 버렸다.

1. 모리스 토레즈 저 『인민의 아들』(1949년판, 앞의 책).
2. 『인민의 아들』(1954년판·1960년판, 앞의 책).

■ 1년 차이 나는 프라하

주간지 『파리 마치』 1949년 9월 24일자는 프라하에서 사형
판결이라는 표제하에, 사진 두 장을 발표했다. 그 사진들은
체코슬로바키아에서 음모죄로 문초당한 6명의 피고에 대해 법정이
사형을 선고하는 순간 찍은 것으로 되어 있다. 당시 다른
인민민주의 여러 나라들에서도 숙청이
성행했다(부다페스트에서는 라이크 재판, 소피아에서는 코스토프
재판). "'인민 재판'의 확성기가 피고들에게 사형이 선고되었음을
발표하는 그 순간, 여인들은 프라하의 보도 블럭에 무릎을 꿇었다.
군중을 진압할 의무를 지니고 있는 민병들도 역시 감명을 받고
무릎을 꿇었다." 화보의 설명문은 이렇게 적고 있다. 실은, 이 사진
설명은 매우 괴이쩍은 것이다. 왜냐하면 1949년에는 경찰이 시내를
완전히 제압하고 있어서 일체의 가두시위가 불가능했기 때문이다.
그럼에도 불구하고 이 사진은 대단한 호평을 받았으며, 국제적인
유명 사진 잡지들에 전재되었다. 그후 공산당계의 석간지 『수
소왈』은 그 사진이 일 년 전에 체코 대통령 베네시의
장례(1948년 9월 3일)에 즈음하여 촬영한 다른 사진과 불가사의할
정도로 비슷하다는 사실을 지적했다. 조사 후 『파리 마치』지는
잘못된 설명을 믿고 있었음을 인정하였다. 그러나 이 기만의 이유는
판명되지 않았다. 국제통신사 '뉴스 포토'가 체코슬로바키아
통신사에게 1949년 재판의 영향을 지면에 실어 보일 만한 사진을
주문했을 때, 즉시 그 사진이 회신되었다고 한다. 나중에 설명을
요구해도 앞의 설명문 그대로다라는 확인이 되돌아올 뿐이었다.
체코 정보기관의 선전공작이었던 것일까, 그렇지 않으면 체코
통신사에 근무하는 저널리스트의 항의 행위였던 것일까. 『파리
마치』지 편집부는 주석을 달았다.

"우리가 가장 중대하게 생각하는 것은 군중의 맨 앞줄에서 울고 있는
아낙네의 모습이 체코슬로바키아의 모습 바로 그것이라는 점에
대하여 누구 한 명, 『수 소왈』지조차 이의를 제기하지 않는다는
사실이다."

『파리 마치』 제27호(1949년 9월 24일). 『수 소왈』 1949년 10월
22일자에 비판기사가 실렸다. 『파리 마치』 제34호(1949년 11월 12일)에
회답이 실렸다.

■ 곤봉 이야기

1962년 2월 8일. 좌익 정당들의 호소에 응하여, OAS(비밀군사조직)의 테러
행위에 대한 대규모 항위시위가 파리에서 벌어졌다. 경찰의 탄압은 정말 야수와
같았다. 지하철 샤론 역 출구에서는 9명이 죽었고, 그 중 두 사람은 여성, 한
사람은 소년, 대부분은 공산당원이었다. 1945년부터 75년에 걸쳐 처음에는
서기로서, 이어서 의장으로서 CGT(노동총동맹)의 지도를 담당하고 있던
부노와 후라숑의 자료, 회상을 모은 『하루하루의 리듬을 타고』에는, 분명 그
학살의 저녁에 촬영한 사진 한 장이 보인다. 지하철 샤론 역 출구 부근에 신발
등 여러 유류품들이 흩어져 있다. 이것만으로도 그날의 상황을 웅변해 주는
데도 좀 불충분하다고 생각한 모양이다. 보도에 가로놓인 한 남자의 실루엣과
헬멧을 쓰고 곤봉으로 무장한 경관 한 명을 그려 넣었다(1). 그러나 이 두 개의
수정은 그 솜씨가 별로 좋지 못해 거부감이 없지 않다.

1963년 라틴 구에서의 시위. 경관들이 학생을 냅다 들이받고 있다. 공산당의
주간지 『라 테르』에 사진 한 장이 실렸다(3). 그러나 그것은 어느 통신사가
보급한 사진(2)과는 조금 달라져 있었다. 한 경관이 손에 곤봉을 쥐고 있다.
그리하여 논리적 귀결로서 다른 경관의 곤봉은 지워 버렸다.

a réponse du pouvoir : la matraqu

Au cours de la manifestation du 29 novembre à Paris, un étudiant cherc

1. 부노와 후라숑 저 『하루하루의 리듬을 타고』 제2권(파리, 1973).
2. 디퓨전 프레스 통신사의 사진(1963년 11월 29일).
3. 『대지』 제998호(1968년 12월).

■ 정치적인 불꽃

1982년 2월, 사진잡지 『휘가로 매거진』은 맹렬한 불꽃 가운데 사람 몸뚱이 몇이 보이는, 인상이 매우 강렬한 사진을 마주보는 두 페이지에 컬러 인쇄하여 발표했다. "프랑스는 불을 지르고 있다"는 충격적인 표제하에. 이 표제는 프랑스의 사회당 정부와 니카라과 정부 사이의 정치적, 경제적 협정을 비꼰 것으로서 설명문에는 다음과 같이 씌어 있었다.

"12월, 니카라과의 마르크스주의적 사회주의의 '콧수염난 남자들'은 완고하게 반카스트로주의로 일관하는 인디오 부족인 '모스키토'를 살육했다. 인디오 200명이 유탄이나 자동화기에 의해 분쇄되었다. 여자도 아이들도 눈감아 주지 않았다."

이 사진을 촬영한 사진기자 마쉬즈 네이손즈는 그것이 자기가 촬영한 것임을 알아차리고, 그 상투적인 수법을 폭로했다. 즉 이 사진은 트리밍하여 날짜를 일부러 2년 후로 되돌려 놓은 것이었다. 실제로는 1978년에 국제적십자의 의사·위생사가 위생상의 이유로 양진영의 니카라과 전투원 시체를 화장하는 사진이었던 것이다. 원판의 사진에는 하얀 옷을 입은 인물들과 적십자사 깃발이 보인다. 이 저널리스트들은 인디오 부족 '미스키토'(『휘가로 매거진』 기사의 '모스키토'라는 표현은 오보)에 대한 무서운 살육을 고발할 작정으로 허위작품을 만들었던 것이다. 실제, 그것은 참으로 무서운 참극이었다. 그러나 거짓 사진을 만든 탓에 그 참극이 현실에서 일어났다는 사실마저 자칫하면 의심받을 뻔했던 것이다. 사진기자는 잡지사를 상대로 하여 고소를 제기, 승소하였다.

La France attise le feu dans cette sale guerre..

『휘가로 매거진』(1982년 2월 6일).

역자 후기

    이 책은 『신분의 기록(LE COMMISSARIAT AUX ARCHIVES)』 (Barrault, 1986)을 우리말로 옮긴 것이다. 저자 알랭 주베르(Alain Jaubert) 는 프랑스 파리를 중심으로 저널리스트, 영화제작자, 사진연구가로 활동하고 있다. 저자는 방대한 사진 자료를 수집하여 그 사진의 역사적 맥락을 추적하고, 치밀한 확인 대조를 통하여 가공할 만한 사진 정보의 조작을 들춰내고 있다. 우리는 흔히 사진은 사실 그 자체이며, 도저히 의심할 여지가 없는 진실로 받아들이려는 경향이 있다. 그러나 19세기 사실주의의 총아로 여겨지는 사진도 갖가지 기법을 통하여 충분히 조작될 수 있다는 것을 저자는 수많은 사진을 예로 제시하며 설명하고 있다.

    저자는 20세기의 각 시기에 걸쳐 사진이 어떻게 조작되고 변조되어 정치적 효과를 얻었는가를 보여주고 있다. 조작과 선전 선동, 그리고 정보 왜곡은 국경도 없이 전세계에 걸쳐 벌어졌다. 저자는 특히 파시스트와 나치, 공산주의 국가에서의 예에 주목한다. 간단없는 숙청과 정권 재창출 그리고 독재권력의 유지를 위해 행해진 여러 형태의 정보 왜곡은 사진에 이르러 그 절정을 이룬다. 삭제, 덧칠, 트리밍 등의 기법을 통해 독재자의 과거 전력을 과장해 정권의 정통성을 강조한다. 또한 영화의 스틸 사진을 역사 자료로 제시해 전국민적인 일체감을 부추긴다.

    이러한 사진 정보의 조작은 그 동기가 어디 있건간에 사실의 왜곡이라는 측면에서 모두가 비도덕적이다. 소위 말하는 국민의 알 권리에 대한 체계적인 테러이다. 저자는 전체주의 국가와 공산주의 국가에서 행해진 사진 조작의 예를 집중적으로 규명하고 있다. 그가 우익 관점하에서 이 작업을 했다고는 생각되지 않는다. 맨 마지막 장에서 저자는 민주주의 국가에서 행해진 몇 가지의 사진 조작의 예를 들고 있다. 그러나 민주주의 국가에서는 어떠한 목적을 가지고 그 목적을 실현하기 위하여 체계적으로 사진에 손을 댄 것이 아니라 대개 오보(誤報)에 의한 것이고, 열려진 언로(言路)를 통하여 이의 제기가 가능하므로 독재 정권에서만큼 풍부한 예를 찾아보기 힘들다. 정보를 독점하고 있는 독재 국가에서는 사진에 수정된 부분을 발견하더라도 이의를 제기할 수 없다. 왜냐하면 그 수정된 부분은 바로 독재권력의 의도이기 때문에 그에 대한 항의는 곧 독재 정권에 대한 도전으로 간주될 수 있다.

우리는 이 책을 사진 정보의 조작을 통해서 본 20세기 인물사(人物史)로 국내에 소개하기로 했다. 이 책에 수록된 레닌, 스탈린, 흐루시초프, 모택동, 김일성, 카스트로 등은 주지하고 있다시피 20세기 세계 현대사에서 빼놓을 수 없는 주요인물들이다. 우리가 주목한 것은 그들에 대한 평가보다 한 장 한 장의 사진에 나타난 그들의 초상이며, 그러한 사진이 나오게 된 역사적인 맥락이다. 저자 알랭 주베르는 치밀하고 방대한 자료 수집을 통하여 그 작업을 훌륭히 수행하였다. 이 책을 통하여 독자는 20세기 내내 지구 한 켠을 들끓게 했던 인물들의 숨겨진 면모와 역사를 파헤쳐 볼 수 있을 것이다. 또한 사진 정보를 어떻게 받아들여야 하는가에 대한 해답도 얻을 수 있을 것이다.

불어가 짧아 번역에 애를 먹었으나 다행히 영어판과 일어판을 구할 수 있어 많은 도움을 받았다. 이 책을 우리말로 옮기면서 내내 머리속을 떠나지 않은 생각은 이 책에서 벌어진 것과 같은 일이 우리의 현대사에서는 없었을까 하는 것이었다.

1993년 11월
윤택기